Critique du droit
chez Michel Villey et René Girard

Paul Dubouchet

Critique du droit chez Michel Villey et René Girard

Pour une épistémologie négative

L'Harmattan

Du même auteur

Aux P. U. F., « Les voies du droit »
Sémiotique juridique. Introduction à une science du droit, 1990.

Chez L'Hermès
Les normes de l'action : droit et morale. Introduction à la science normative, 1990.
La philosophie du droit de Hegel. Essai de lecture des Principes, 1995.
La pensée juridique avant et après le Code civil, 1998.
Trois essais pour une théorie générale du droit, 1998.
La pensée politique avant et après Hegel, 1999.
Nouvelles méthodes des sciences sociales, 1999.

Chez L'Harmattan
De Montesquieu le moderne à Rousseau l'ancien, 2001.
Le modèle juridique. Droit et herméneutique, 2001.
Commons et Hayek, défenseurs de la théorie normative du droit, 2003.
Philosophie et doctrine du droit chez Kant, Fichte et Hegel, 2005.
Pour une sémiotique du droit international, 2007.
*Droit et épistémologie. L'*Organon *du droit*, 2008.
Droit et philosophie. Préface de François Dagognet, 2009.
Thomas d'Aquin : droit, morale et métaphysique, 2011.
Tout comprendre avec René Girard. Du moi aux grands problèmes actuels. Petit traité de la violence, 2015.
De Hegel à Girard. Violence du droit, religion et science, 2015.
De la guerre au terrorisme...Les véritables causes, 2015.
Le scandale Joseph de Maistre, 2016.
L'esprit du christianisme, 2016.
L'esprit du catholicisme d'après René Girard, 2016.
La théologie politique de René Girard et la gauche chrétienne, 2016

5-7, rue de l'Ecole-Polytechnique, 75005 Paris

http://www.harmattan.fr
ISBN : 978-2-343-10665-6
EAN : 9782343106656

à la mémoire de François Dagognet,
épistémologue.

AVANT-PROPOS

Environ les années 1970, nous suivions à Lyon les cours de François Dagognet. Nous ne manquions pas d'admirer l'aisance avec laquelle il passait de la philosophie à la psychiatrie, à la biologie, à la chimie, à la botanique, à la minéralogie, à la cristallographie... Lorsque nous lui proposâmes (à une époque où les étudiants choisissaient encore le sujet de leur thèse !) de diriger une thèse sur « la sémiotique » - alors à la mode - il accepta, mais nous envoya à Aix-en-Provence suivre les cours de philosophie de Granger, et de linguistique de Mounin.

Parce qu'il était un épistémologue dans l'âme, Dagognet émettait les plus expresses réserves sur l'épistémologie. Et, quand il lui arrivait - comme c'était souvent le cas - de s'engager sur ce chemin, il n'y partait jamais « sans biscuits ». N'a-t-il pas dit : « Qu'on y regarde à deux fois avant de tirer sur l'épistémologue ! ».

Dans le domaine des sciences de l'homme, notamment des sciences juridique et politique, les réserves et avertissements épistémologiques de Dagognet devenaient encore plus pressants, encore plus impératifs. Nous engageant dans cette voie, nous n'avions garde de suivre attentivement ses conseils. Nous aurions alors plutôt parié sur l'échec et la mort de l'épistémologie, ignorant que son salut allait précisément venir peut-être de l'exploration et de l'exploitation de ce terrain.

« – *Pourquoi donc ce livre t'inspirait-il autant d'épouvante ?*
« – *Parce qu'il était du Philosophe. Chacun des livres de cet homme a détruit une partie de la science* »

Umberto Eco, cité par M. Villey, réf. *infra*

INTRODUCTION

Il y a encore moins de rapport entre Michel Villey et René Girard qu'entre Réaumur et Sébastopol qui bénéficient du privilège d'être réunis par le nom d'une station du métro parisien ! Michel Villey (1914-1988), historien et philosophe du droit, ne s'est guère éloigné de son enseignement parisien, tandis que René Girard (1924-2015), critique littéraire et ethnologue, s'est installé aux Etats-Unis, à l'âge de vingt-quatre ans, pour ne cesser d'y professer dans différentes grandes universités.

Leur œuvre respective ne semble pas les rapprocher davantage : Villey scrute la pensée juridique et politique dans son histoire et sa signification, remontant aux auteurs anciens, notamment de l'Antiquité et du Moyen-Age, tandis que Girard fait de la violence et de la religion le principe explicatif de tous les problèmes. A peine peut-on remarquer que Villey définit souvent le droit par sa visée qui est « l'extinction des violences et des désordres » et que son enquête le conduit à la religion comme l'atteste suffisamment la place qu'il fait à saint Thomas d'Aquin auquel il consacre son dernier livre dont nous allons bien évidemment parler.

Ce qui retient d'abord l'attention, c'est que se trouve, chez l'un comme chez l'autre, une critique virulente de la philosophie et des sciences humaines, sciences juridique et politique comprises. Par cette critique, Villey et Girard s'attaquent au problème du fondement même de ces sciences dont ils ne manquent pas de questionner et de remettre en cause le statut. C'est dire que leur démarche est éminemment épistémologique. Or force est de reconnaître que s'il est un mot qui semble être absent de l'œuvre de l'un comme de l'autre, c'est bien *l'épistémologie*. Pourtant, comme Monsieur Jourdain pour la prose, ils font beaucoup d'épistémologie (et, comme nous le verrons, de la meilleure), sans toujours le savoir ! C'est ainsi que, d'un bout à l'autre de son livre sur Saint Thomas, Michel Villey, sans employer le mot (si ce n'est incidemment) ne traite que d'épistémologie. Et René Girard, en montrant que les sciences humaines ne visent, en dernier ressort, qu'à dissimuler la « violence fondatrice », scrute, en épistémologue, leur fondement et leur statut mêmes.

Hormis ces deux points de rencontre peut-être fortuits, les critiques respectives de Villey et Girard semblent n'avoir aucun dénominateur commun, nulle ligne de convergence et de rencontre, bref être aux antipodes l'une de l'autre. C'est cette première impression que nous voulons considérer et reconsidérer très exactement en examinant tout simplement dans un premier temps la critique de René Girard (Chapitre I), puis dans un second temps celle de Michel Villey (Chapitre II), afin de déterminer si une convergence, une rencontre de l'une et de l'autre peut être détectée (Chapitre III). Mais, puisque les critiques respectives de Villey et de Girard vont être rangées sous la rubrique d' « épistémologie négative », il faut justifier tout d'abord cette expression (Préliminaire).

PRELIMINAIRE

JUSTIFICATION D'UNE « EPISTEMOLOGIE NEGATIVE »

C'est, paradoxalement peut-être, seulement avec la « logique non formelle » ou « logique non mathématique » que le problème épistémologique se pose dans toute son ampleur et toute son acuité. En effet, dans le domaine de la « logique formelle » ou « logique mathématique », l'épistémologie a une fâcheuse tendance à se confondre avec le développement même de la science comme le montre l'exemple privilégié des mathématiques qui, selon le mot de Granger commentateur de Wittgenstein, sont à elles-mêmes « leur propre métalangue » (G.-G. Granger, Wittgenstein et la métalangue, *Revue internationale de Philosophie*, 1969, p. 11).

Le véritable rôle de l'épistémologie est en effet de donner au spécialiste d'une discipline, une vue plus générale, plus compréhensive de son domaine de compétence, du double point de vue diachronique par la référence à l'histoire de la discipline en question (« on ne connaît bien une science que par son histoire » a dit Auguste Comte), et synchronique par la référence aux disciplines voisines (qui peuvent d'ailleurs parfois en être fort éloignées). Or quel est le spécialiste ou le savant digne de ce nom qui ne s'intéresserait ni à l'histoire de sa discipline ni aux disciplines « voisines » ? Ce qui veut dire que tout spécialiste véritable se double d'un redoutable « généraliste », d'un remarquable épistémologue. Les sciences exactes, précisément parce qu'elles relèvent de la logique formelle, ne peuvent que se rapprocher des mathématiques, science la plus générale et la plus compréhensive qui soit. Dans la mesure où elles y arrivent, où elles réussissent, elles n'ont plus d'épistémologie. Au contraire, dans la mesure où elles n'y arrivent pas, dans la mesure où selon G.-G. Granger, « la tentative de formalisation échoue », dans « les cas gödeliens », l'épistémologie retrouve toute sa place. Cette dernière apparaît ainsi comme la discipline de l'échec de la connaissance, et l'épistémologue comme le spécialiste de cet échec – ce qui d'ailleurs devrait réduire considérablement le domaine des « sciences exactes ».

Cependant, chaque fois que la science est amenée à se poser un problème spécifiquement humain, chaque fois qu'elle devient, selon la remarquable formule de Pierre Aubenque, « science de l'homme et pour l'homme », elle ne peut plus relever de la seule et unique logique formelle, elle est obligée d'avoir recours à la logique non formelle (P. Aubenque, *Le problème de l'être chez Aristote*, P.U.F., 2e éd., 1966) – ce qui devrait donc élargir très considérablement le domaine des « sciences de l'homme ». En effet, dès que ce vrai « caractère spécifiquement humain » apparaît, les sciences ont de plus en plus de mal à se rapprocher de l'idéal mathématique qui est celui de la « raison théorique », et elles ont de plus en plus besoin d'épistémologie. Or les plus spécifiquement humaines des sciences humaines ne sont-elles pas celles qui relèvent de la vie pratique, de la vie morale, juridique et politique, c'est-à-dire du domaine du *prattein*, celui de la « raison pratique » ? D'ailleurs ne peut-on penser que les sciences humaines, dans la mesure où elles réussissent, où elles se rapprochent de l'idéal mathématique, relèvent de la raison théorique, et que ce n'est que lorsqu'elles rencontrent l'échec qu'elles relèvent de la raison pratique ? Lorsqu'une science de la raison pratique réussit, ne devient-elle pas aussitôt une science de la raison théorique ? Si donc l'épistémologie est la discipline de l'échec, elle est plus la discipline des sciences humaines que celle des sciences exactes, plus celle des sciences de la raison pratique que de la raison théorique. Ainsi l'échec de l'épistémologie devient « épistémologie de l'échec », l'impossibilité de l'épistémologie, le substitut de l'épistémologie elle-même, et la négation de l'épistémologie, « épistémologie négative ».

CHAPITRE I

L'EPISTEMOLOGIE NEGATIVE DE RENE GIRARD

En 1961, avec *Mensonge romantique et vérité romanesque*, René Girard devait non seulement renouveler la critique littéraire mais également donner le signal de départ d'un renouveau de la psychologie, de la sociologie, de l'ethnologie et de toutes les sciences humaines. On ne peut ajouter « … et également de la philosophie » puisque, dans le vieux débat entre littérature et philosophie, c'est la littérature, et plus précisément le roman et le théâtre, qui, selon Girard, devait, bien plus qu'illustrer, véritablement incarner une vérité que vingt-cinq siècles de philosophie occidentale avaient été incapables d'approcher, même sous ses formes les plus récentes qui avaient alors le nom d'existentialisme, de structuralisme, de philosophie analytique, autant d'aimables récréations philosophiques dont Girard devait enfin siffler la fin (tout en montrant la part de vérité qu'elles contiennent). Pour la défense de la philosophie, remarquons toutefois que la « vérité romanesque », déjà présente dans la tragédie grecque, dans le théâtre de Shakespeare, dans le *Don Quichotte* de Cervantès, le roman de Stendhal, Flaubert, Proust et Dostoïevski, cette vérité romanesque, Girard ne l'a pas mise à jour par un nouveau roman, certes pas non plus par un traité philosophique (le moyen peut-être le moins approprié à la manifestation de la vérité) mais par ce que l'on peut appeler - faute de mieux - un « essai » de critique littéraire dont les conséquences philosophiques devaient cependant être immenses. D'ailleurs toute philosophie n'est-elle pas d'abord une critique de la philosophie ?

Ce renouveau de toutes les sciences humaines et d'abord de l'ethnologie annoncée par *Mensonge romantique et vérité romanesque*, Girard devait le réaliser onze ans plus tard avec *La violence et le sacré* de 1972 qui fit l'effet d'un coup de tonnerre dans un ciel serein. Que l'imitation conduise à la violence, et de là au sacrifice d'un bouc émissaire, source du sacré : tel est le « mécanisme victimaire » révélé par Girard. En effet la victime émissaire, sacrifiée comme responsable des désordres passés, est alors vénérée comme principe du retour au calme. A ce moment, elle devient sacrée, elle incarne le passage de la violence au sacré : c'est la définition même du sacrifice qui signifie d'abord « *faire sacré* » (*sacri-fice*). C'est pourquoi le religieux a toujours rapport à la violence sacrificielle. Toutes les religions primitives et toutes les mythologies reposent ainsi sur le sacrifice d'une victime choisie arbitrairement, pour satisfaire les prétendus désirs d'une « divinité persécutrice » – ce qui est une façon d'exorciser la *violence* présente dans tout groupe social.

La divinité persécutrice ne caractérise pas seulement le religieux archaïque, elle a laissé des traces indélébiles dans toute la pensée tant ancienne que moderne. Le « sacré de la violence » marque encore profondément la plupart des philosophies, des sciences humaines : droit, politique, économie, psychologie, ethnologie et notamment la psychanalyse qui ne sont que des « mythologies modernes » (René Girard et Gianni Vattimo – réunis par Pierpaulo Antonello, *Christianisme et modernité*, trad. franç., Flammarion, 2009, p. 146). Par cette dénonciation, Girard effectue un véritable travail d'épistémologue. Pour confirmer cette orientation, nous suivrons la critique de Girard en allant des disciplines qui paraissent les moins « scientifiques » à celles qui le paraissent le plus. Il se trouve que, parmi ces disciplines, celles qui paraissent les moins scientifiques sont les moins « institutionnalisées », et celles qui paraissent les plus scientifiques sont les plus « institutionnalisées », si l'on veut bien entendre, par cette expression, celles qui sont à la fois productrices et produits d'un savant appareil institutionnel tel celui qu'on trouve dans les domaines du droit ou de l'économie.

Dans cette perspective, nous envisagerons la critique qu'effectue Girard de la philosophie (I), de l'ethnologie de Lévi-Strauss (II), de la psychanalyse (III), de la nouvelle critique littéraire (IV), de la science politique (V), de la science économique (VI) et de la science juridique (VII) - disciplines qui, visant un tout autre objectif, n'ont finalement pour but que de cacher le « meurtre fondateur ».

I. LA PHILOSOPHIE : « L'EFFACEMENT DES TRACES »

Dans *Les origines de la culture* (Desclée de Brouwer, 2004), Girard rappelle toute la distance qui le sépare de la philosophie : « Mes lecteurs ne se rendent pas compte à quel point je me sens étranger à la philosophie (p. 201)... Car il y a une sorte d'incompatibilité entre la philosophie traditionnelle et la théorie mimétique » (p. 202). Cette incompatibilité provient de ce que la philosophie s'efforce toujours de cacher les traces de la violence originaire (A), comme en témoignent le primat de la représentation sur l'appropriation (B), puis l' « essentialisme » platonicien (C), ainsi que, de façon générale, un processus de neutralisation (D).

A - L'EFFACEMENT DES TRACES DE LA VIOLENCE

La philosophie s'efforce de cacher les traces de la violence là où, au contraire, la théorie mimétique s'efforce de les retrouver. C'est même la pensée occidentale dans son ensemble qui « continue à fonctionner comme effacement des traces » (R. Girard, *Des choses cachées depuis la fondation du monde. Recherches avec J.-M. Ougourlhian et G. Lefort*, Grasset, 1978, p. 73). La religion étant le meilleur témoin de la violence originaire, il n'est pas étonnant que la philosophie ait toujours voulu, d'une façon ou d'une autre, expulser le religieux. La philosophie a été incapable de rendre compte de la religion, c'est-à-dire du rôle de la violence originaire qu'elle s'efforce, au contraire, de cacher, tandis que la religion n'a cessé de le mettre en lumière. Dès lors, « c'est le religieux qu'il faut comprendre pour comprendre la philosophie. Puisqu'on n'a pas réussi à comprendre le religieux à partir de la philosophie, il faut inverser la méthode et lire le philosophique à la lumière du religieux » (p. 24). Ce religieux dénonciateur de la violence fondatrice, c'est le judéo-chrétien qui s'oppose au religieux archaïque, justificateur de la violence.

Ainsi, lorsque Platon dans sa *République*, conserve et approuve la religion, c'est d'une religion archaïque qu'il s'agit, et lorsqu'il rejette et exclut la poésie, c'est précisément parce que celle-ci est dénonciation de la violence originaire : il raccompagne le poète couronné à la porte de la Cité, à la fois comme un criminel et comme un roi (« comme un autre *Pharmacos* et un nouvel Œdipe » selon la remarque d'Alfred Simon, art. cité *infra*, p. 514), car il est la « victime sacrificielle » pour avoir introduit « une perte mimétique des différences qui s'accompagne de la production de monstres indifférenciés » (R. Girard,

La voix méconnue du réel, Grasset, 2002, p. 91). Et, dans un autre ouvrage, Girard note que « l'opposition de Platon à la poésie est en réalité son opposition à la révélation de la violence religieuse, dans Homère et dans les tragédies grecques. Il participe à la volonté de cacher la violence, c'est-à-dire à la puissance du sacrificiel… » (René Girard, *Celui par qui le scandale arrive*, Desclée de Brouwer, 2001, p. 179).

Le premier et grand moyen de cacher la violence est d'exalter la dimension représentative de l'imitation (la *mimésis représentative*) pour mieux dissimuler sa dimension conflictuelle (la *mimésis acquisitive ou d'appropriation*).

B - LE PRIMAT DE LA REPRESENTATION SUR L'APPROPRIATION

Des différentes formes de *mimésis*, la première et la plus importante est la « *mimésis d'appropriation* », celle qui nous pousse à désirer l'objet désiré par un autre, devenant une « *mimésis de l'antagoniste* », son corollaire inévitable, qui l'érige en une « *mimésis rivalitaire et conflictuelle* ». « La valeur de l'objet croît en proportion de la résistance que rencontre son acquisition » (R. Girard, *Des choses cachées…*, p. 319). Ainsi, la violence, conformément au principe de la « *mimésis d'appropriation* », se cristallise d'abord dans *l'accaparement* vers lequel l'être humain est porté non pas spontanément mais parce qu'un autre possède ou désire l'objet convoité. Désirer c'est donc imiter le désir de l'autre. Mais l'autre se rebelle car s'il est modèle (« *imite-moi* »), il est aussi rival (« *ne m'imite pas* »), c'est-à-dire obstacle : telle est « la double injonction contradictoire », le *double bind* dans le langage anglo-saxon.

Or, de Platon à nos jours, en passant par Gabriel Tarde, porte-parole de l'apologie de l'imitation, toute la philosophie se caractérise par la méconnaissance de la véritable *mimésis*. En effet, depuis Platon, la philosophie a voulu ramener l'imitation à la seule *représentation*, en occultant d'emblée la forme la plus importante de l'imitation qui est *l'appropriation*, la « *mimésis acquisitive* ». L'initiateur et le responsable de cette orientation de la philosophie est Platon dont toute l'œuvre vise à cacher la mimésis acquisitive. « Lorsque Platon parle de l'imitation, il le fait dans un style qui annonce toute la pensée occidentale postérieure. Les exemples qu'il nous propose… (sont) toujours des représentations »… tous ses successeurs, à commencer par Aristote ont emboîté le pas » : Platon et Aristote ne voient pas la mimésis acquisitive, rivalitaire et violente. « Platon a déterminé, une fois pour toutes, la problématique culturelle de l'imitation, et c'est une problématique mutilée, amputée d'une dimension essentielle, la dimension acquisitive qui est aussi la dimension conflictuelle » (R. Girard, *Des choses cachées…*, p. 16).

C - L' « ESSENTIALISME PLATONICIEN »

Platon veut donc effacer les traces de la violence originaire, et l'instrument le plus efficace de cet « effacement des traces » est son « essentialisme » dont Girard a bien rendu compte dans *La route antique des hommes pervers* (Grasset, 1985, « L'évolution des rites », p. 135-161). L'« essentialisme platonicien » consiste à postuler des « essences » comme principes explicatifs, cela toujours pour cacher la violence fondatrice. Cet « essentialisme » qui postule des « essences » différenciées, est inséparable de la manie des classifications : « L'imitation rituelle différencie, distingue, simplifie, ordonne, classe les données de façon à toujours mutiler, effacer, dissimuler les mécanismes mimétiques », cela afin de prolonger à l'infini « les effets différenciateurs et mystificateurs » du bouc émissaire (p. 144). Aristote lui-même est tombé dans ce piège avec « toutes les pensées de la classification statique (qui) sont des filles tardives de l'imitation rituelle » (p. 145). Toutes ces pensées qui marquent la modernité aussi bien de la philosophie que des sciences de l'homme, ne veulent pas « remonter en deçà du classifiable, pour en faire la genèse » – ce qui leur paraîtrait « contraire aux idées claires et distinctes » (p. 154) : le cartésianisme procède en effet de la même lubie. De son côté, Heidegger veut bien remonter de Platon aux présocratiques, mais non pas jusqu'au religieux, pourtant « tout ce que Heidegger dit sur l'être se ramène aussi au sacré ». Il en va de même chez Derrida : « il s'agit toujours des paradoxes du sacré… Derrida a remplacé l'être de Heidegger par la trace ». Mais « les traces reparaissent toujours et de plus en plus » (R. Girard, *Des choses cachées…*, p. 72-73).

D - UN PROCESSUS DE NEUTRALISATION

Il s'agit d'un « processus de neutralisation » qui se rencontre aussi bien dans la nouvelle critique littéraire (« thématique » ou « structuraliste ») que dans l'anthropologie et toutes les sciences humaines, et également chez Sartre qui a « joué un rôle clef dans cette affaire » (R. Girard, *La voix méconnue…* , p. 94-95). « C'est ainsi qu'avec Sartre, comme avec la mythologie lévi-straussienne, l'*en-soi* est totalement dépourvu de signification jusqu'à ce que le *pour-soi* lui en donne une, en fait déjà une structure appelée le *projet* » (p. 97) - « projet » que Sartre finira par trouver dans le marxisme, d'autres dans le freudisme, ou encore dans le gestaltisme et ensuite dans le structuralisme. Ainsi « pour le Michel Foucault des *Mots et les choses*, chaque période de l'histoire des idées est une structure flottant dans le vide, comme la structure lévi-straussienne ou le projet sartrien appelé ici une *épistémé* » (p. 99). En concluant à l'impossibilité des sciences humaines, Foucault révèle bien les limites du structuralisme, « mais il les confond avec les limites absolues du langage humain et de notre pouvoir de connaissance ».

En effet « la dernière variante » du cartésianisme est la forme linguistique que lui a donnée le structuralisme (p. 141). Ainsi « les modernes sciences de l'homme et de la société restent platoniciennes dans l'âme. Elles transforment en essences indépendantes des phénomènes religieux et sociaux qui sont tous liés les uns aux autres » (p. 155). Les spécialistes des sciences de l'homme « tiennent pour fausse, a priori, toute théorie fondée sur des distinctions et des rapprochements qui ne figurent pas dans le langage du système qu'ils étudient. Ils évitent les analogies » (p. 156). Ces spécialistes illustrent ainsi parfaitement ce que Granger a appelé « l'idée mère de la linguistique saussurienne » qui est aussi celle du structuralisme : « un signe n'a de sens que dans le système auquel il appartient » (G.-G. Granger, *Pensée formelle et science de l'homme*, Aubier, 2e éd., 1967, p. 3). Aussi n'est-il pas étonnant que cette critique de la philosophie comme une sorte de « mythologie généralisée », s'applique particulièrement à l'ethnologie structurale de Lévi-Strauss.

II. L'ETHNOLOGIE DE LEVI-STRAUSS : LA CHASSE DU RITUEL

Dans *Des choses cachées...*, Girard notait que Lévi-Strauss, dans le « Finale » de *L'homme nu* (1971), « chasse le rituel de son ethnologie structuraliste » (p. 75). Cette critique, Girard devait la préciser dans « Différenciation et réciprocité chez Lévi-Stauss et dans la théorie contemporaine » (in *La voie méconnue du réel*, p. 65-106) en dévoilant les ressorts du discours anti-rituel et anti-religieux de Lévi-Strauss (A), qui aboutit à un « nihilisme épistémologique » qui n'est pas celui qu'il vise (B).

A - UN DISCOURS ANTI-RITUEL ET ANTI-RELIGIEUX

Lévi-Strauss a voulu supprimer toute différenciation dans le *rituel* pour ne le reconnaître que dans le seul *mythe* : il s'agit d'une « excommunication du rituel » qui est « l'équivalent de l'expulsion rituelle » elle-même..., « l'arbitraire caractérisant le traitement du rituel reproduit exactement l'arbitraire de la victime ». Le rituel est expulsé en tant que manifestation de l'indifférencié, du « mauvais mélange » de Shakespeare. Or cette expulsion fonctionne « exactement comme le *sacré* de la religion primitive » (p. 89). En ne voulant pas voir que le rituel est déjà expulsion de l'indifférencié, Lévi-Strauss, en expulsant le rituel, poursuit le même but que lui : « Le rituel, contrairement à ce que croit Lévi-Strauss, est un premier effort pour expulser le *mauvais mélange* et défendre la culture contre l'indifférenciation » (p. 91). Le discours anti-religieux opère de la même façon : ne voulant pas voir que le discours religieux est déjà lutte contre l'indifférenciation et la violence, il poursuit le même but que lui. Il en va de même chez Platon où le discours anti-poétique a pris la place du discours anti-religieux. En effet, pour Platon comme pour Lévi-Strauss, « connaissance et différenciation sont une seule et même chose » (p. 91). Il faut donc chasser le rituel partout où il se trouve car il est « le tabou essentiel de la culture humaine », mais en cherchant à l'expulser, on le renforce. « Toutes les institutions post-rituelles » (le théâtre, la philosophie, le système judiciaire, les institutions politiques) sont engendrées de la même façon (p. 92). Dans tous les cas, on a affaire au « processus d'expulsion de l'expulsion, c'est-à-dire de l'effacement des traces » (p. 93). Voulant chasser le rituel, toutes ces institutions ne font que le retrouver : « chassez le rituel, il revient au galop ». Aussi n'est-il pas étonnant que cette « chasse du rituel » ait pu trouver sa consécration moderne dans le « structuralisme linguistique », dernier avatar du cartésianisme, qui lui aussi reste « platonicien dans l'âme » pour n'aboutir qu'à un véritable « nihilisme épistémologique ».

B - LE VRAI « NIHILISME EPISTEMOLOGIQUE »

Sous le nom de « structuralisme-fiction », Lévi-Strauss déplore ce nihilisme épistémologique, auquel il ne fait cependant qu'apporter de l'eau à son moulin (p. 100). Car la « machine différenciatrice à tout faire » qu'est le structuralisme « ne peut qu'aboutir à l'idéalisme solipsiste… de la structure linguistique », mais elle « ne parvient pas à couvrir la voix méconnue du réel » (p. 101). Ce qui explique la difficulté, et même l'impossibilité des sciences humaines à parvenir à l'objectivité et, partant, le retard, voire l'échec - déploré par Lévi-Strauss - des sciences humaines par rapport aux sciences exactes. Si la science sociale et religieuse « s'enracine dans la plus arbitraire de nos distinctions, c'est-à-dire dans la sacralisation des victimes collectives..., il est inévitable que l'objectivité soit plus difficile à atteindre à mesure qu'on s'approche de la source de toute symbolicité » (p. 103). Un peu plus haut, Girard avait déjà noté que « La victimisation collective est une *hypothèse* qui concerne à la fois l'origine de la religion primitive et celle de la symbolicité » (p. 86). Et, encore plus haut, estimant que Durkheim est souvent plus avisé que Lévi-Strauss, il avait souligné que, parce qu'elle prend en compte le religieux, « la perspective de Durkheim est la seule qui permette de poser correctement le problème de la culture ou le problème du langage ou, si vous préférez, le problème de la pensée symbolique » (p. 80). C'est pourquoi « la solution réside dans une théorie du mécanisme spontané de la victime émissaire comme symbole originel » (p. 104).

Dans le prolongement de cette critique de l'ethnologie structuraliste comme mythologie reconstituée des peuples sans écriture, Girard peut effectuer une critique non moins radicale de la psychanalyse.

III. LA PSYCHANALYSE, NOUVELLE MYTHOLOGIE

Avec le « complexe d'Œdipe », Freud a mis en place un piège dans lequel est tombée toute la psychanalyse, alors qu'il avait pressenti qu'il aurait pu être d'un grand secours, un bon remède à la psychanalyse elle-même. C'est évidemment le seul piège, savamment perfectionné, dont la psychanalyse post-freudienne a fait l'instrument d'une véritable « chasse aux sorcières, un « procès en sorcellerie » visant à obtenir que le patient fasse son autocritique, afin de l'enfermer dans des catégories empruntées à la mythologie grecque et à l'aide du plus mauvais Platon. A cet égard est fort instructive la façon dont Freud traite du narcissisme. Ce sont ces différents points que nous allons envisager successivement le « complexe d'Œdipe », piège et remède de la psychanalyse (A), un procès en sorcellerie (B), les catégories de la mythologie et du platonisme (C), le narcissisme selon Freud (D).

A - LE « COMPLEXE D'ŒDIPE », PIEGE ET REMEDE DE LA PSYCHANALYSE

C'est dans *La violence et le sacré* (Grasset, 1972, chapitre VII « Freud et le complexe d'Œdipe ») que Girard a commencé à démonter « le piège du complexe d'Œdipe », avant de poursuivre ce « démontage » dans nombre de ses ouvrages ultérieurs.

Dans la pensée de Freud, nous dit-il, il y a deux pôles : une référence incontournable au mimétisme d'une part, le complexe d'Œdipe d'autre part. Ces deux pôles, après les avoir identifiés, Freud les a d'abord séparés, puis il a accordé une priorité absolue au second pour effacer progressivement tout appel au premier. Dans *Psychologie collective et analyse du moi* de 1921, il ne peut nier l'importance du mimétisme avec « l'identification au père » ainsi que l'atteste le chapitre VII intitulé « L'Identification », et dont Girard extrait la phrase suivante :

> « *Le petit garçon... voudrait devenir et être ce qu'est (son père), le remplacer à tous égards* ».

Cette affirmation permet à Girard de noter que « la voie du désir mimétique s'ouvre à Freud ». Mais « *Freud refuse de s'y engager* » par sa définition du complexe d'Œdipe qui suit presque immédiatement dans le texte :

> « *Le petit garçon s'aperçoit que le père lui barre le chemin vers la mère ; son identification avec le père prend de ce fait une teinte hostile et finit par se confondre avec le désir de remplacer le père, même auprès de la mère* ».

Par cette définition, Freud engage le processus qui, des deux pôles de la pensée freudienne (le mimétique et l'oedipien) consiste à faire passer l'oedipien avant le mimétique, « l'attachement libidinal à la mère » avant l'identification au père, le complexe d'Œdipe avant le mimétisme (R. Girard, *La violence et le sacré*, p. 250-255) – processus qui sera entériné dès *Le moi et le ça* de 1923. Ainsi il ne reste plus que « le thème du parricide et de l'inceste » qui, à lui seul, « résume » toute la psychanalyse (p. 270).

Or Freud ne voit pas que le désir du parricide et de l'inceste est étranger à l'enfance. A la différence de l'adulte, l'enfant ne sait ni prévoir la violence, ni y répliquer – c'est ce qui le rend « si vulnérable » (p. 256). « Le désir du parricide et de l'inceste ne peut pas être une idée de l'enfant, c'est de toute évidence l'idée de l'adulte, l'idée du modèle » (p. 257). Ces remarques conduisent Girard « au cœur » de sa critique de Freud à qui il fait le reproche paradoxal de « rester indéfectiblement attaché, en dépit des apparences, à une philosophie de la conscience. L'élément mythique du freudisme, c'est la conscience du désir parricide et incestueux » – ce qui explique que Freud ait recours à « des notions aussi encombrantes et suspectes que l'inconscient et le refoulement » (p. 260).

Mais, si le complexe d'Œdipe est un piège dans lequel est tombée la psychanalyse et, avec elle, l'homme moderne, il aurait pu être également un remède pour la psychanalyse, le moyen de révéler la violence mimétique, d'autant plus que Freud a été tout près de faire ce rapprochement. En effet « Freud pressentait derrière le parricide et l'inceste du mythe oedipien quelque chose d'essentiel pour toute culture humaine » (p. 175). Comme le montre Girard (*op. cit.*, chapitre VIII « *Totem et tabou* et les interdits de l'inceste ») c'est dans *Totem et tabou* (1913), livre rejeté par toute la psychanalyse post-freudienne (qui y voit le « livre manqué » de Freud) que ce pressentiment est le plus fort avec l'appel au « meurtre collectif », le meurtre du père de la horde primitive. Ce meurtre indique qu'il y a, derrière le parricide et l'inceste, quelque chose de plus fondamental et de plus caché encore que ce qu'a bien voulu nous en révéler Freud, ce « quelque chose » (attesté par « l'inceste rituel du roi » dans les monarchies africaines), n'est autre que « l'indifférenciation violente » qu'il faut déguiser et dissimuler, non pas pour réprimer le libidinal, mais pour juguler la « terreur », la « terreur de la violence absolue » (p. 176) : « le fondement caché des mythes n'est pas la sexualité » mais la violence absolue dont la sexualité n'est qu'une modalité privilégiée (p. 177). Ainsi, de ce meurtre collectif, « Freud voit admirablement la nécessité mais... le caractère opératoire lui échappe, parce qu'il ne découvre pas le mécanisme de la victime émissaire » (p. 289). Le meurtre accompli, Freud montre, à son corps défendant, que le rôle du père s'est déplacé « vers les *frères ennemis*, vers ceux qu'aucune différence ne sépare » (p. 311). Ainsi « le mécanisme de la victime émissaire est le but manqué de toute l'œuvre de Freud » (p. 317).

C'est pourquoi « la pensée de Freud est trop importante pour être abandonnée à la psychanalyse » (p. 262)... « Le meilleur Freud n'est pas plus freudien que le meilleur Marx n'est marxiste » (p. 270). Ainsi en va-t-il de l'identification au père qui produit « tous ses effets » dans le *Surmoi*. Celui-ci repose sur l'identité du modèle et de l'obstacle, sur le *double bind* mimétique que Freud est loin d'avoir méconnu (p. 262-263). Ce n'est pas le cas avec la psychanalyse post-freudienne qui a voulu « parachever l'effacement des éléments mimétiques » en instaurant, pour la porter au plus haut point, une dichotomie entre le modèle et le rival : Dans l'Œdipe, le père est « rival honni ; il n'est donc pas question d'en faire un modèle vénéré » ; dans le *Surmoi*, il est « un modèle vénéré, il n'est pas question d'en faire un rival honni ». Dans l'Œdipe, il y a « rivalité sans identification préalable » ; dans le *Surmoi*, « identification sans rivalité » (p. 271). Le triangle mimétique du sujet, du modèle et de l'objet, Freud l'a subodoré sans jamais arriver à l'organiser, « mais il n'a jamais renoncé. Il ne peut pas manipuler deux de ces termes sans que le troisième surgisse à leurs côtés, tel un méchant diable à ressort que les infirmiers à blouse blanche s'efforcent de renfermer dans sa boîte… » (p. 272).

Ce « principe du tiers-exclu de la psychanalyse » a pour but de toujours consacrer le parricide et l'inceste pour en faire la présomption fondamentale de la psychanalyse. De même que pour le docteur Knock, « tout homme bien portant est un malade qui s'ignore », pour le psychanalyste, toute personne est un « parricide incestueux » qui s'ignore, et qui est donc justiciable d'un procès auquel il ne devrait pas pouvoir échapper.

B - UN PROCES EN SORCELLERIE

Selon Girard la psychanalyse ne fait qu'instruire des « procès en sorcellerie ». Or le but de tous les « procès en sorcellerie » (depuis ceux contre les Juifs accusés d'être responsables de la peste noire au XIVe siècle, jusqu'aux procès de Moscou de 1936, et bien d'autres après), est de faire reconnaître à l'accusé sa culpabilité comme avec « ces procès totalitaires du XXe siècle qui sont la résurgence du paganisme unanimiste » (R. Girard, *Je vois Satan tomber comme l'éclair*, Grasset, 1999, p. 185). Ce processus, Girard le décrit soigneusement tout au long de son ouvrage *La route antique des hommes pervers*, par l'exemple privilégié de cette « figure du Christ » qu'est le Job de la Bible. Les accusations portées contre Job n'ont pour but que de retrouver « l'unanimité fondatrice », pour « blanchir la communauté en noircissant le bouc émissaire » (p. 166), afin que « la voix de la communauté ne (fasse) qu'un avec la voix de dieu lui-même : *vox populi, vox dei* » (p. 194) : ce rôle est celui de Satan, l'accusateur, mais aussi de toutes les personnes qui gravitent autour de lui, comme les « faux amis » de Job dans l'épisode biblique - aussi n'est-il pas étonnant que Job préfigure le *Paraclet*, « l'avocat des victimes ». Ainsi les imprécations de Job contre Dieu, ne sont pas des blasphèmes, comme le pensait Claudel : Job ne fait que rejeter le « Dieu des bourreaux » au nom du « Dieu des victimes » – ce qui fait dire à Dieu : « mon serviteur Job a bien parlé de moi » (p. 212-213). C'est pourquoi Girard peut opposer diamétralement Job à Œdipe, il peut le comparer à une sorte d'Œdipe inversé qu'il décrit ainsi : « Imaginons un Œdipe irréductible et qui se moquerait de la fatalité, et surtout du parricide et de l'inceste ; un Œdipe qui persisterait à traiter les oracles de sinistres pièges à boucs émissaires. Ce qu'ils sont, indubitablement. Il aurait tout le monde contre lui, les hellénistes, Heidegger, Freud et derrière eux toute l'université. Il faudrait le tuer sur place ou l'enfermer dans un hôpital psychiatrique pour refoulement insurmontable » (p. 71).

A cet égard il est, de nos jours, un thème souvent repris dans les téléfilms policiers américains : celui de savoir si l'accusé doit « plaider coupable ou non coupable ». L'avocat de la défense, même convaincu de l'innocence de son client, conseille alors à ce dernier de « plaider coupable » pour qu'il écope de la peine la moins lourde, voire pour « sauver sa peau » - comme si l'accusation avait encore intérêt à la restauration de « l'unanimité fondatrice » ! L'avocat de la défense adopte ici la même démarche que celle du psychanalyste : il table sur la culpabilité de son client. Au nom des « droits de l'homme », si facilement invoqués aujourd'hui surtout aux Etats-Unis, ne devrait-on pas interdire de « plaider coupable » comme ultime manœuvre de persécution, l'un des retranchements patents de la « violence du droit » – sauf à considérer que plaider coupable soit déjà, en lui-même, une présomption d'innocence (ce qui n'est manifestement pas le cas dans la procédure américaine) ?

Le but d'un procès en sorcellerie est en effet toujours de faire reconnaître à l'accusé sa culpabilité. Dans son dialogue avec Michel Treguer *Quand ces choses commenceront* (p. 87-88), Girard réitère sa critique de la psychanalyse et des sciences humaines à partir de l'opposition entre *Satan*, « l'Accusateur », et l'Esprit de Dieu, *le Paraclet*, « le Défenseur des victimes » qui « révèle la nullité de Satan en montrant que ses accusations sont mensongères ». Car la psychanalyse et toute la culture « prennent au sérieux le mensonge de l'Accusateur », ils ne le dénoncent pas, ils prennent au sérieux le parricide et l'inceste d'Œdipe comme responsables de la peste qui ravage Thèbes (par ce véritable tour de passe-passe qu'est le « complexe d'Œdipe », car si Œdipe croit ne pas avoir choisi ses actes, selon Freud il les a encore voulus inconsciemment), alors que ce n'est qu'« une plaisanterie, une très mauvaise plaisanterie ». Et, dans le même ouvrage (p. 68), Girard va peut-être encore plus loin dans sa critique de la psychanalyse et des sociétés avancées lorsqu'il compare l'homme de ces sociétés qui a besoin de la psychanalyse, aux *gérésaniens*, ces possédés de Satan qui, refusant la délivrance, chassent le Christ et auraient pu l'apostropher ainsi (« Les démons de Gérasa », in *Le bouc émissaire*, Grasset, 1982) : « Nous préférons continuer avec nos exorcistes, parce que toi tu es violent, un vrai révolutionnaire. Au lieu de réorganiser le démoniaque, de le réaménager quelque peu comme un psychanalyste, tu nous priverais de nos béquilles sacrificielles qui nous permettent de nous déplacer ». En effet cet homme, prisonnier de la société de consommation, croit s'en libérer, retrouver sa personnalité en faisant appel à une nouvelle consommation, celle de la psychanalyse par laquelle, il réitère la connivence d'Œdipe avec ses bourreaux - Œdipe, dont Girard nous dit que c'est, avec « art et délicatesse, (qu') au moment voulu, il fait son autocritique. Il y met l'enthousiasme du psychanalysé sur son divan ou du vieux bolchevik à l'époque de Staline » (R. Girard, *Le bouc émissaire*, p. 152). Prenant au sérieux la « plaisanterie », la « très mauvaise plaisanterie » du mythe d'Oedipe, Freud use et abuse de la mythologie grecque à laquelle il apporte la caution de l'« essentialisme platonicien ».

C - LES CATEGORIES DE LA MYTHOLOGIE ET DU PLATONISME

Postulant toujours l'existence d'un père castrateur et coupable, et son corrélat, une tendance incestueuse et parricide qui serait propre à l'être humain, Freud a fait du « complexe d'Œdipe » le centre générateur de toute la psychanalyse : le fils imite le père, et le père l'encourage dans cette imitation jusqu'au point critique de l'imitation du désir du père pour la mère (en vertu du *double bind*, de la « double injonction contradictoire »), et c'est là qu'apparaissent les deux faces du « complexe d'Œdipe » : l'amour de la mère par l'imitation du père, et la haine du père consécutive à l'interdit paternel. Car la psychanalyse qui prolonge l'univers mythique, tient « les accusations mythiques pour légitimes. Tout le monde … est toujours plus ou moins coupable de parricide et d'inceste, ne serait-ce qu'au niveau du désir » (R. Girard, *Je vois Satan…*, p. 174). Victime de « l'essentialisme platonicien », Freud « essentialise » de prétendus désirs empruntés à la mythologie grecque. A cet égard ce n'est pas, comme on l'a presque toujours enseigné jusqu'à Girard, la mythologie grecque qui préfigure la psychanalyse, mais plutôt la psychanalyse qui prolonge la mythologie grecque : avant Girard, on présentait la mythologie grecque comme une admirable psychanalyse intégrale, depuis Girard c'est la psychanalyse qui apparaît comme une lamentable mythologie grecque intégrale.

Ainsi Girard explique-t-il que l'amitié puisse se convertir en haine, le célèbre thème des meilleurs amis devenant les pires ennemis, et dont celui des « frères ennemis » est peut-être la meilleure exemplification. Il n'y a vraiment pas lieu d'attribuer ce changement, parfois très brusque, à une tendance perverse ou versatile ou même homosexuelle qui est prêtée à l'un des protagonistes (ou aux deux), alors qu'il n'est que le résultat du jeu du « désir mimétique » : les deux amis s'imitent tellement qu'ils en viennent à désirer la même femme, ou le même objet - ce qui ne peut que les dresser l'un contre l'autre, comme Abel et Caïn se disputant les faveurs de Yahvé, ou - de façon moins grave - comme Valentin et Protée dans la pièce de Shakespeare *Les deux gentilshommes de Vérone* (R. Girard, *Shakespeare, Les feux de l'envie*, Grasset, 1990, p. 30), Protée voulant ravir la belle et noble Silvia à son ami d'enfance Valentin, celui-ci ne peut que s'exclamer :

« *O temps maudit,*

Que de tous les ennemis le pire soit un ami ! ».

A cet égard le « coup de foudre » de Protée pour Silvia ne doit pas être interprété, à la manière des psychanalystes, comme le brusque resurgissement d'un événement de la petite enfance, mais encore par le désir mimétique : « Protée désire Silvia non parce que leur brève rencontre a fait sur lui une impression décisive, mais parce qu'une prédisposition secrète l'incline vers tout ce que Valentin désire ». Telle est la véritable raison du coup de foudre, de « l'amour au premier coup d'œil », *love at first sight* (p. 18).

De même, pas plus qu'il n'y a de tendance parricide ou incestueuse, il n'y a davantage de tendance homosexuelle. L'homosexualité n'est pas une donnée de base mais résulte de la prédominance, de la fascination exercée par le médiateur : « les connotations homosexuelles sont inséparables de l'accent grandissant mis sur le médiateur » (*ibid.*, p. 59). Selon Charles Ramond (*Le vocabulaire de Girard*, Ellipse, 2005, p. 17), l'homosexualité est « une étape du mécanisme mimétique, l'étape même de la fascination pour le rival prestigieux », « l'érotisation d'une rivalité mimétique ». Il en va de même pour le « désir de l'échec » ou le masochisme (souvent interprété comme une « homosexualité latente ») qui ne postule nullement une « perversité », une « essence anormale », mais une « liaison bien faite » par le sujet « entre le désir et l'obstacle qui rend désirable », une « hyper-lucidité sur les mécanismes du désir mimétique », l'obstacle supplantant tout le reste : « Après avoir transformé les modèles en obstacle, le désir mimétique transforme les obstacles en modèles » (R. Girard, *Des choses cachées…*, p. 458). Ainsi homosexualité latente et masochisme ne sont que

« deux étiquettes » qui « ne recouvrent qu'un seul et même phénomène, à savoir la prédominance du rival sur l'objet, la fascination grandissante qu'exerce ce rival » (R. Girard, *Critiques dans un souterrain*, L'Age d'homme, Lausanne, 1976, p. 32). Car, « au regard incompréhensif du psychiatre, le désir paraît viser (l') échec », mais « ce n'est pas l'échec que vise le désir, c'est le succès de son rival » (Ch. Ramond, *op. cit.*, p. 10). Il en va de même avec la prétendue « pulsion de mort » : selon Girard, elle « n'est qu'une position mythique de repli… qui pousse les hommes à poser leur violence hors d'eux-mêmes… une nouvelle échappatoire… une solution sacrificielle de rechange » (R. Girard, *La violence et le sacré*, p. 216). Freud essentialise ici un prétendu principe, alors que c'est toujours la seule force de vie du désir qui, obnubilée par l'obstacle, s'oppose à la réalisation du désir pour se diriger vers la mort. C'est le cas de don Juan qui, fasciné par l'obstacle, condamné à aller de conquête en conquête, finit par désirer la mort comme l'ultime obstacle, le seul qui le séduise vraiment (Ch. Ramond, *op. cit.*, p. 15-18). C'est en ce sens, d'ailleurs, que Pascal avait noté que tous les hommes veulent le bonheur, « même celui qui va se pendre » ; les hommes ne recherchent que le « divertissement », ils sont fascinés par des niaiseries, ce que Pascal a appelé « la fascination de la bagatelle, *fascinatio nugacitatis* », la fascination de l'obstacle inhérent au désir, le piège tendu par le Diable. De façon générale, postuler des « essences », des « caractères » ou des « désirs » solidement ancrés dans la personnalité, n'explique rien : ramener l'hétérosexualité à un « désir hétérosexuel », l'homosexualité à un « désir homosexuel », le masochisme à un « désir d'échec », le sadisme à un « désir de nuire », etc. rappelle trop « l'opium qui fait dormir par sa vertu dormitive », ce type d'explications purement verbales remontant au Moyen-

Age, héritier, sur ce point, du plus mauvais Platon et de son « essentialisme ». C'est en ce sens que Girard a pu parler du « platonisme de Freud ». De la même façon, peut-on vraiment postuler, avec Freud, une « essence » narcissique ?

D - LE NARCISSISME SELON FREUD

Girard a pu donner une réfutation particulièrement pénétrante de la conception freudienne du narcissisme. Alors que Freud (*Zur Einführung des Narzissmus*, 1914, trad. franç. *Introduire le narcissisme*, 2012), décrit très bien le narcissisme mais n'y apporte aucune réponse, Girard l'explique encore par « l'autonomie métaphysique » (cette apparente superbe indifférence pour tout ce qui nous entoure). Freud décrit le narcissisme comme un « état psychologique bienheureux », une « position libidinale inexpugnable », pour lequel il avoue succomber à une « attirance incongrue », à une « quasi-envie » qu'il ne peut s'empêcher d'éprouver : Freud « nous présente la chose comme une curiosité intéressante assurément..., mais rien de plus... Il n'y voit qu'une bizarrerie sans conséquence... » (R. Girard, *Des choses cachées...*, p. 397). Un peu plus loin, Girard ajoute : « Freud est trop bon observateur pour ne pas noter cette *Incongruenz*... Il s'agit bien là d'une chose qui n'est pas congrue..., qui ne convient pas exactement à la situation envisagée par Freud, qui n'est pas conforme, en d'autres termes, à la théorie psychanalytique ». Or la non-conformité de cette « incongruence » à la théorie psychanalytique, l'impossibilité de l'y intégrer, appelle une « théorie nouvelle » qui pourra en rendre compte et, ainsi, la faire disparaître « en tant que telle » puisqu'elle apparaîtra alors comme « une application régulière de principes plus efficaces » (p. 403).

En effet, Freud prend ici pour une *essence*, ce qui n'est qu'une *stratégie* « dont il serait la dupe », stratégie bien connue puisqu'elle est celle de la coquetterie : « la coquette en sait plus long que Freud sur le désir », puisqu'elle feint de se désirer pour que les autres la désirent, « l'auto-suffisance de la coquette » n'étant que son jeu pour simuler « l'autonomie métaphysique » – « Freud prend pour une description objective le piège dans lequel il tombe » (R. Girard, *Des choses cachées...* , p. 393-394). En réalité, la coquette « n'a pas plus d'auto-suffisance que l'homme qui la désire », elle en soutient seulement l'apparence. Ainsi la coquette apparaît comme un narcissique qui a besoin du regard de l'autre, et le narcissique comme une coquette qui se ment à elle-même : la coquetterie est la vérité du narcissisme comme le narcissisme est l'hypocrisie, le mensonge de la coquetterie. De façon générale, il s'agit toujours de convaincre autrui de notre auto-suffisance, « de feindre le narcissisme le plus formidable » (p. 394) – ce en quoi nous sommes victimes du « mirage que produit le modèle-obstacle mimétique » (p. 398). « Là où Freud voit deux désirs et deux pôles distincts » - désir narcissique et désir de l'autre - « en réalité il n'y a qu'un seul et même désir mimétique » puisque désir narcissique et désir de l'autre « s'impliquent toujours mutuellement » (*Ibid.*). Le narcissisme de l'autre, son « paradis », fait notre enfer, et notre désir de l'autre, notre « enfer », fait son paradis.

A cet égard la critique qu'opère Girard de la conception freudienne du narcissisme, s'inscrit bien dans le processus de la découverte scientifique tel que, naguère, Bachelard l'avait mis en lumière. Il apparaît en effet que « l'incongruence » de Freud correspond au « fait polémique » de Bachelard, ce fait qui est en contradiction avec une théorie précédemment admise, et qui, lui aussi, appelle une nouvelle théorie, ou une nouvelle découverte, pour en rendre compte (n'a-t-on pas pu parler de « l'assassinat d'admirables théories par de misérables petits faits » ?). Ainsi fut opérée, dans le domaine de l'astronomie, la découverte de Neptune par Le Verrier, en 1846. Ne pouvant expliquer la trajectoire d'Uranus par les lois de la gravitation, Le Verrier fait l'hypothèse de l'existence d'une planète, jusque là inconnue, qui répondrait au problème – planète dont il peut calculer la masse et la distance à Uranus, et qu'il appelle « Neptune », demandant à son collègue, l'astronome berlinois Gall, de vérifier, au bout de son télescope, l'existence de ladite planète, ce qu'il fit aussitôt, le 23 septembre 1846. Or, avant Le Verrier, un astronome avait bien observé l'existence de cette nouvelle planète, ne la considérant d'ailleurs surtout pas comme une « planète », mais comme un petit astéroïde sans importance qui, en plus, pouvait être attribué à une erreur d'observation. Comment ne pas rapprocher ce « petit astéroïde sans importance » de « l'incongruence » de Freud, cette « curiosité intéressante, rien de plus », cette « bizarrerie sans conséquence » pour la théorie psychanalytique, mais qui, au contraire, pour la théorie mimétique, est une illustration non seulement lumineuse mais aussi particulièrement probante de la « rivalité mimétique » ?

Cette critique de la psychanalyse comme une mythologie grecque complaisamment anatomisée et développée, Girard a pu l'étendre, comme l'un de ses prolongements, à la nouvelle critique littéraire.

IV. LA NOUVELLE CRITIQUE LITTERAIRE, « MASQUE DE LA VIOLENCE »

Remontant au moins à Bachelard, la « nouvelle critique littéraire » a voulu s'instruire des développements toujours les plus récents des sciences humaines et de la philosophie. Ainsi il y eut la « critique existentielle » de Sartre, « sociologique » de Goldmann, « psychanalytique » de Charles Mauron, puis, sous l'influence de la linguistique moderne, une pléiade de critiques toujours nouvelles, « structurale » de Greimas, « thématique » de Barthes, « herméneutique » de beaucoup d'autres, pour en arriver à la « sémiotique textuelle » : la critique littéraire se nommait alors « ultra-critique » ou « méta-critique ». Nous-mêmes avons sacrifié un peu à cette mode en proposant, sous l'influence de Dworkin, une certaine forme de critique littéraire que nous avions nommée « normative ou juridique » (notre article « Sémiologie, herméneutique juridique et modèles littéraires », revue *Degrés*, N° 82, 1995, ainsi que notre ouvrage *Le modèle juridique. Droit et herméneutique*, L'Hermès, 2001, p. 178-199).

Girard encore a eu le mérite de montrer que toute cette effervescence n'était qu'une tempête dans un verre d'eau, révélant l'influence déterminante de la psychanalyse, d'un Freud complété par un Nietzsche mal compris, par Marx et de Saussure, qui nous apprendraient que « tout n'est qu'*interprétation* », alors qu'il s'agit de toujours dissimuler la violence fondatrice. Pour dissimuler cette violence, pour en « effacer les traces », la nouvelle critique a toujours assigné à la littérature la tâche de « plaider coupable » (A), de masquer « la vérité des doubles » (B), d'exalter l'autonomie du moi (C), de cacher le rôle du médiateur (D), de promouvoir le règne des « masques de la violence » (E), de justifier la fonction cathartique du théâtre (F).

Ce sont ces différents points, intimement liés les uns aux autres, que nous allons examiner successivement.

A - LA CULPABILITE DE LA LITTERATURE

Le cas de Sartre est ici fort symptomatique. Lui qui avait pourtant combattu la psychanalyse, a pu engager sa critique littéraire sous l'invocation d'une « psychanalyse existentielle ». Dans son *Baudelaire*, il reproche à l'auteur des *Fleurs du mal* d'abdiquer sa liberté, d'être un homme « de mauvaise foi », de ne pas assumer la révolte et l'immoralité de ses écrits, de ne pas accepter sa culpabilité en plaidant toujours « non coupable », d'être en somme victime de la culpabilisante moralité judéo-chrétienne. Cette critique de la religion judéo-chrétienne, comme religion de la culpabilité, rejoint d'ailleurs la critique nietzschéenne avec sa distinction entre « civilisations de la honte » et « civilisations de la fierté », pour dénoncer, dans le judéo-christianisme, une « civilisation de la honte » par opposition à la civilisation aryenne qui serait une « civilisation de la fierté ». C'est dans le même sens encore qu'on a pu voir dans le freudisme une « psychologie de la culpabilité » d'origine judéo-chrétienne. C'est donc dans ce sens encore que pour la nouvelle critique littéraire, la littérature se doit de toujours « plaider coupable ».

Selon Girard, rien ne serait plus faux que cette dernière formule : la littérature doit « plaider non coupable », car reconnaître sa culpabilité, c'est accepter le rôle qu'on veut nous faire jouer de « bouc émissaire », c'est se mettre du côté des persécuteurs ou de la foule persécutrice ; de plus ce rôle, bien loin d'être celui que la religion judéo-chrétienne veut nous imposer, est précisément celui qu'elle n'a cessé de dénoncer et de combattre. Le freudisme est bien une « psychologie de la culpabilité » qui voit en chaque homme un « Œdipe coupable, incestueux et parricide », mais dont l'origine est grecque, non pas judéo-chrétienne. De même, est justifiée la dénonciation nietzschéenne des « conduites de la honte » si bien exprimée dans ce « triptyque » du *Gai savoir* :

> « *Qu'appelles-tu mauvais ? - Celui qui veut toujours faire honte.*
>
> *Qu'y a-t-il de plus humain ? - Epargner la honte à quelqu'un.*
>
> *Un signe de la liberté retrouvée ? - Ne plus rougir de soi* »

- mais ces conduites également sont tout, sauf judéo-chrétiennes. Baudelaire, au contraire, a refusé de hurler avec les loups, de se mêler à la foule persécutrice, il a compris que la littérature se devait de « plaider non coupable », car le sujet n'est qu'une victime du désir mimétique.

Ainsi, pour effacer les traces de la violence, la nouvelle critique s'efforce de gommer ce qui y conduit inéluctablement : la « vérité des *doubles* », la vérité du désir mimétique que les doubles refusent du fait de leur antagonisme.

B - L'EFFACEMENT DE LA « VERITE DES DOUBLES »

« Toutes les méthodologies modernes restent aveugles à la vérité des *doubles* ». C'est le cas du structuralisme qui repère bien les « oppositions duelles », mais qui « ne les conçoit que signifiantes, c'est-à-dire différenciées », alors qu'elles ne le sont qu'en apparence (R. Girard, *Critiques dans un souterrain*, p. 14-15). Partant du postulat de la linguistique saussurienne - « dans le langage, il n'y a que des différences » - le structuralisme veut toujours ramener un système différentiel à un autre, ce en quoi il concorde aisément avec le marxisme et le freudisme. « Loin de révolutionner la critique, le structuralisme linguistique remplit systématiquement sa mission traditionnelle qui consiste à dire et à redire le sens, à paraphraser et à classer les significations. Si le structuralisme se combine fort bien avec le marxisme et la psychanalyse, c'est parce que ceux-ci réduisent toujours des significations patentes à d'autres significations cachées, à un autre système différentiel » (*Ibid.*, p. 15).

C'est bien pourquoi la nouvelle critique littéraire (notamment la critique « structurale ou thématique ») n'a pu passer qu'à côté des grandes œuvres littéraires. Cependant elle fait ressortir davantage les mérites et la novation introduite, en ce domaine, par Girard avec *Mensonge romantique et vérité romanesque* de 1961 (Grasset), signant l'acte de naissance d'une critique littéraire renouvelée de fond en comble, et que l'on pourrait qualifier de « critique mimétique ». Celle-ci refuse la « radicale séparation entre connaissance psychologique et littérature » telle qu'elle a été consacrée par Freud et qui « a rendu stérile une grande part de la critique contemporaine ». A cet égard, à l'analyse freudienne du narcissisme, Girard oppose une page de *A la recherche du temps perdu (A l'ombre des jeunes filles en fleurs)*, montrant que Proust, parce qu'il ne veut pas faire de science, apparaît, « en dernière analyse... plus scientifique que Freud ; il nous révèle admirablement l'unité mimétique de tous les désirs... » (R. Girard, *Des choses cachées...*, p. 406). En outre, faisant toute la lumière sur les « processus mimétiques », cette critique mimétique pourrait même « concurrencer » la psychanalyse freudienne qui a toujours occulté ces processus. En tout état de cause, « elle revitaliserait aussi bien la psychiatrie que la critique littéraire et réconcilierait ces deux disciplines faites pour être alliés ». De plus, au lieu de descendre en flammes les grandes œuvres littéraires, d'en prendre « le contre-pied », elle permettrait « de justifier la vision de ces œuvres et d'en confirmer la supériorité » (R. Girard, *La voix méconnue…*, p. 140), notamment celle de ces romanciers qui ont promu la *vérité romanesque*, celle du théâtre de Shakespeare, et plus haut, celle de la tragédie grecque de Sophocle et d'Euripide qui furent les premier à entrevoir « la violence réciproque, la rivalité mimétique ». Mais c'est peut-être dans l'affirmation de l'autonomie du moi et la négation corrélative du médiateur que « l'effacement des traces » devient le plus crucial.

C - L'AUTONOMIE DU MOI

Girard ne manque pas de dénoncer la dérive dans laquelle sont tombés de grandes œuvres ou de grands courants littéraires, trop exclusivement centrés sur le moi. Il s'agit d'ailleurs ici d'une tendance typiquement française remontant au moins à Montaigne. De ce dernier, Girard ne pourrait-il pas, à la suite de Pascal, fustiger « le sot projet qu'(il) a eu de se peindre » ainsi que sa réhabilitation par Voltaire ? Parmi les romantiques, Hugo ne devrait pas être épargné, avec

« *(Son) âme de cristal que le dieu que j'adore*
Mit au centre de tout comme un écho sonore »

s'il n'avait répondu, par avance, à cette critique : « Ignorant, qui ne sais pas que moi, c'est toi » - réponse qui réhabilite ainsi Montaigne et Voltaire, puisque, selon la remarque de ce dernier, c'est bien « la nature humaine tout entière » que le premier a peinte. Cependant il faudrait ajouter, avec Girard, que ces grands écrivains ont bien décrit « la nature humaine » mais formée et déformée par la rivalité mimétique. Car c'est bien avec le romantisme que cette exaltation du moi devait connaître sa forme la plus célèbre, sans oublier tous ses succédanés dans le symbolisme, le gidisme, le valérysme, ou d'autres se réclamant du surréalisme ou de l'existentialisme, auxquels on pourrait joindre ce franc-tireur que fut Barrès avec son « culte du moi », fort proche de Gide et de son « plus irremplaçable des êtres », tout comme de Valéry qui en profite pour décocher une flèche au christianisme et à Pascal : « *Si le moi est haïssable, aimer son prochain comme soi-même* devient une horrible contradiction dans les termes » - formule trop brillante pour ne pas cacher un pur sophisme car, précisément, il suffit que la rivalité avec les autres cesse pour que le moi ne soit plus haïssable…

Pour dénoncer ce « mensonge romantique », il a donc bien fallu attendre Girard et sa lecture de Cervantès, Stendhal, Flaubert, Proust et Dostoïevski, mettant en lumière toute la « vérité romanesque ». Car la plus grande partie de la littérature moderne, comme celle de la critique moderne, est restée prisonnière de ce mensonge, s'efforçant de convaincre tout le monde que l'on « est toujours parfaitement et divinement autonome » (R. Girard, *Mensonge romantique…*, p. 307). En effet, d'après toute cette littérature, le sujet croit vraiment agir librement et spontanément, être maître de ses désirs, il ne reconnaît aucun médiateur, il croit être hors d'atteinte du « désir métaphysique » dont il ignore tout. C'est « l'homme du souterrain » de Dostoïevski. Il est le « type de héros que la fiction contemporaine reproduit inlassablement. Ni le Roquentin de *La Nausée*, ni le Meursault de *L'Etranger*, ni les clochards de Samuel Beckett ne désirent métaphysiquement… (ils) sont accablés de maux très divers mais le plus redoutable de tous, le désir métaphysique leur est épargné. (Ils) n'imitent jamais personne. Ils sont tous parfaitement autonomes (comme) le Teste de Valéry » (p. 291) - Meursault étant un « Teste sans bagages ». Or ils nous prennent dans leur piège, car nous en faisons « nos héros ». Mais les héros sont fatigués, ils « sont faux parce qu'ils flattent notre illusion d'autonomie. Nos héros sont de nouveaux mensonges romantiques destinés à prolonger les rêves prométhéens auxquels le monde moderne s'accroche désespérément » – le pressentiment de ces nouveaux mensonges inaugurant ce que Nathalie Sarraute a appelé « l'ère du soupçon ». (p. 292). En révélant le désir métaphysique, Dostoïevski le dénonce : « Le souterrain est l'image renversée de la vérité métaphysique » (p. 293). Cette « vérité » a sa devise : « *Moi je suis seul et eux, ils sont tous*... Telle est la devise souterraine... cet effort de Sisyphe constamment renouvelé résume bien l'histoire de l'individualisme contemporain. Symbolisme, surréalisme, existentialisme se sont successivement efforcés de donner un contenu à la formule souterraine » (p. 294).

Mais l'affirmation de l'autonomie du moi appelle son corollaire indispensable qui est la négation du médiateur.

D - LA NEGATION DU MEDIATEUR

La littérature a souvent voulu nier le médiateur en repoussant paradoxalement le public auquel elle s'adresse incontournablement. : du public, on pourrait dire ce qu'un critique moderne a dit du discours, « il doit toujours être contourné, mais il est l'incontournable ». Car « écrire, et surtout publier un ouvrage c'est en appeler au public... Rien ne peut humilier l'orgueil souterrain autant que cette initiative ». Girard rappelle la répugnance de l'aristocratie pour la carrière des lettres : Mme de La Fayette faisant publier son œuvre par Segrais, La Rochefoucauld se faisant « voler » la sienne par un valet (p. 296). L'écrivain préserve ainsi une autonomie et une solitude qu'il considère comme sacrées, ignorant qu'en réalité il écrit du

« souterrain ». « On en est au stade de la lettre souterraine, dit Girard. L'écrivain lance un anti-appel au public sous forme d'anti-poésie, d'anti-roman, ou d'anti-théâtre » (p. 297) : telle est peut-être la véritable explication des « écritures du silence » ou des « écritures de l'absence », de la nouvelle poésie présentée comme une « a-poésie », du nouveau roman qui se revendique « roman de l'absence », de même que l'on a pu qualifier le théâtre de Beckett, d'Adamov ou de Ionesco de « théâtre de l'absence ». Ainsi souligne Girard, « les esthétiques du *silence* … relèvent… de la dialectique souterraine… L'écrivain… a longtemps prétendu qu'il ne se parlait qu'à lui seul, il prétend de nos jours qu'il parle pour ne rien dire » (*ibid.*), à l'instar de l'écriture de Mallarmé qui postule un silence, des « écritures blanches » de Camus, de Blanchot, de Cayrol, des « écritures neutres » dont parle Barthes. L'écrivain en effet, puisqu'il « écrit pour prouver au lecteur qu'il se moque de ses suffrages » (*ibid.*), nous invite à lire ce qu'il n'a pas écrit : telle est cette « écriture du silence » dont parlait Mallarmé, le « discours impossible » de Blanchot, « l'écriture entre parenthèses » de Maurice Roche, les « trous du discours » de Lacan. L'écrivain en est réduit à dire, avec Beckett : « toute parole est vaine, mais à dire », ou encore « je n'ai rien à dire, si ce n'est précisément à quel point je n'ai rien à dire ». Or « l'esthétique du silence est un dernier mythe romantique… (comme) « *l'écriture blanche* et son *degré zéro* » (*ibid.*).

Mais cette absence, c'est avant tout l'absence de la violence, le refus du médiateur et du mimétique, le refoulement de la violence et du meurtre fondateur, le règne de que Alfred Simon appelle « les masques de la violence ».

E - LE REGNE DES « MASQUES DE LA VIOLENCE »

Dans *La violence et le sacré*, Girard a montré comment le théâtre, et d'abord la tragédie grecque avaient particulièrement illustré cette absence. Aussi n'est-il pas étonnant qu'Alfred Simon (« Les masques de la violence », *Esprit*, novembre 1973, in *La violence et le sacré*, Grasset, Pluriel, Critiques et commentaires) ait pu parler des « masques de la violence » au sujet de ce livre qui présente l'homme comme « l'acteur indifférencié, à la fois victime et sacrificateur, puisque la chute des différences a pour première conséquence la confusion des rôles, l'uniformatisation des masques, la prolifération des doubles… » – livre dont il dit encore qu'il est « une réflexion… vertigineuse sur le théâtre élargi aux dimensions de la réalité » (art. cité, p. 512). Et, se référant à la tragédie grecque, Alfred Simon précise qu'elle « s'enfonce dans l'épaisseur du mythe pour y *retrouver quelque chose que le mythe a masqué au point de l'oublier*. Ce quelque chose, c'est le meurtre collectif réel que la tragédie frôle dans l'horreur sans le reconnaître et fige sans le comprendre dans le masque de l'acteur » (p. 514). Ainsi le « théâtre de l'absence » n'est que le « théâtre de la violence », s'il est vrai que « vouloir dire la violence équivaut à vouloir dire l'indicible » (p. 516).

En effet, dans la religion archaïque, comme dans la pensée moderne qui ne fait que la prolonger, le meurtre fondateur n'a de signification et de vertu que s'il demeure caché – le bouc émissaire ne jouant son rôle que tant qu'il n'est pas reconnu comme tel : c'est seulement à cette condition que la réconciliation est possible, que la violence peut être apaisée, que la *catharsis* peut faire son œuvre, comme le montre Girard dans son *Shakespeare. Les feux de l'envie*. Ainsi le camouflage du meurtre fondateur est le point de départ de la première purgation, le rite qui ne fait que le rejouer est une deuxième purgation atténuée, et le théâtre qui prend le relais en est une troisième, elle-même encore atténuée (R. Girard, *Shakespeare...*, p. 274). C'est pourquoi le rite sacrificiel est moins violent que le meurtre fondateur, et l'action théâtrale moins violente que le rite sacrificiel (p. 275). Mais meurtre fondateur, rite sacrificiel et théâtre ont toujours cette vertu de purger les rivalités mimétiques. A cet égard la tragédie grecque avait déjà fait vaciller la victime émissaire de son illusoire piédestal, c'est-à-dire qu'elle était tout près de la découvrir et donc de mettre fin à son empire et à son emprise. C'est ainsi que Michel Serres, dans les toutes premières phrases de l'hommage qu'il a rendu à Girard (lors de sa réception à l'Académie française, en 2005), peut faire cette remarque : « L'origine de la tragédie, que Nietzsche chercha sans la trouver, vous l'avez découverte ; elle gisait, toute offerte, en la racine hellénique du terme lui-même : *tragos* signifie, en effet, le bouc, ce bouc émissaire que des foules prêtes à la boucherie expulsent en le chargeant des péchés du monde, les leurs propres, et dont l'Agneau de Dieu inverse l'image » (« Discours de réception à l'Académie française de René Girard », in *Girard*, L'Herne, 2008, p. 13). D'ailleurs l'étymologie complète du mot *tragédie*, « le chant du bouc » (*tragos* : « le bouc », *oedia* : « le chant »), montre bien que si la tragédie reproduit le rituel, le meurtre fondateur, elle trouve son origine dans le sacrifice du bouc émissaire faisant entendre sa dernière plainte, car sur le point d'être démasqué en tant que bouc émissaire et donc de disparaître s'il est vrai « qu'avoir un bouc émissaire, c'est ne pas savoir qu'on l'a » ?

Or c'est bien le camouflage du bouc émissaire qu'a orchestré Aristote pour le théâtre, avec sa conception de la *catharsis*.

F - LA FONCTION CATHARTIQUE DU THEATRE

Par sa conception de la *catharsis*, Aristote a supprimé toute référence au rite sacrificiel, au meurtre fondateur et à l'unanimité violente, comme le fait, de façon plus générale, toute la culture humaine car cette occultation en est « une composante fondamentale » qui se retrouve dans la philosophie et dans toutes les « institutions post-sacrificielles » : « la philosophie et la tragédie grecque ont en commun leur impuissance à regarder en face le meurtre fondateur » (R. Girard, *Shakespeare…*, p. 276). Ainsi s'explique, à partir du théâtre, le silence d'Aristote pour tout mimétisme violent : « le théâtre, en tant qu'institution, a toujours assumé la fonction que lui assigne Aristote : il masque et refoule son infrastructure mimético-sacrificielle » (*ibid.*). Mais les traces ont la vie dure et ne manquent pas de réapparaître. Parce qu'il est la mise en scène de la rivalité mimétique, parce qu'il « donne à voir le drame immense de la médiation universelle » (p. 196), le théâtre ne peut cacher la violence qui lui est constitutive : « chaque fois que le théâtre installe la maladie mimétique sur la scène, il en résulte un surcroît de contamination. Le dramaturge a partie liée avec les forces du chaos » (p. 197). C'est le mérite de Shakespeare que d'avoir démasqué l'infrastructure mimético-sacrificielle ou « carthartico-sacrificielle » du théâtre, d'avoir révélé et, de façon grandiose, illustré, « la violence du théâtre ». C'est ainsi que, dans *Troïlus et Cressida*, le personnage de Pandarus « symbolise » le théâtre et tout ce qui tourne autour. Pandarus est cet entremetteur qui rêve d'être trompé. Un peu, comme le dupe du « triangle à la française », il joue le rôle du « maquereau cocu » selon l'expression que Joyce prête à Stephen dans *Ulysse*. Et, lorsque Eglinton croit dévoiler dans la conférence de Stephen, un simple cinéma :

> « *Vous nous avez fait faire tout ce chemin pour nous montrer quoi : un triangle à la française* »,

celui-ci ne peut qu'acquiescer, et encore plus lorsque Eglinton lui demande s'il croit vraiment à sa théorie, Stephen ne pouvant répondre que « *Non* » (p. 320-321). En réalité, commente Girard, Stephen, comme Pandarus, comme Shakespeare lui-même, est un « hypermimétique », incapable de « défendre ses idées », cédant à la « pression collective » de ses accusateurs. Il « souffre d'une triangulite française aiguë : il a horreur d'être trompé, mais se comporte comme s'il adorait cela » (p. 323). Malgré tout, contre tous ses adversaires et accusateurs, il sait qu'il a raison, que sa théorie du « Shakespeare mimétique » est la bonne. Comme Shakespeare, Joyce a compris que « le fiasco du triangle à la française est l'équivalent romanesque d'un dénouement de tragédie » - ce qui permet à Girard de dégager la véritable signification du « verdict d'Eglinton » : « ne pas comprendre la vérité de la conférence de Stephen, c'est participer au sacrifice de ce dernier » (p. 329).

Quoi qu'en dise Aristote, le théâtre est bien la mise en scène de la rivalité mimétique. *Troïlus et Cressida*, dit Girard, est « un défi à la conception cathartique et aristotélicienne du théâtre. Son pessimisme n'est pas sans rapport avec la méfiance platonicienne envers les comportements mimétiques en général et le théâtre en particulier » (p. 197) : le meurtre fondateur, toujours présent dans le théâtre, Aristote veut donc le camoufler par la *catharsis*, et Platon, ne voulant même pas prendre ce risque, rejette la tragédie à sa naissance même puisqu'il subodore qu'elle n'est pas « fille du génie de la musique » comme le croyait Nietzsche, mais « fille de la violence, fille de la crise sacrificielle ». Girard explique ainsi et justifie en partie la vieille dénonciation du théâtre et des acteurs (pourtant toujours tournée en dérision) qui, remontant à Platon, se retrouve dans la conception chrétienne avec Saint Augustin et jusqu'à Bossuet et Rousseau : « les grands auteurs dramatiques, y compris Molière et Racine, ont plus d'affinités pour les ennemis du théâtre que pour ses défenseurs. Leur génie implacable rejette les platitudes de l'idolâtrie culturelle. Le très grand théâtre n'a jamais fleuri que dans les périodes où il provoquait méfiance et ostracisme ». En effet les « ennemis du théâtre », à la différence de ses défenseurs, font preuve d'une remarquable hyper-lucidité sur le mécanisme de la rivalité mimétique que le théâtre ne fait que mettre en scène - ce qui réhabilite, à cet égard, tant le moralisme de Bossuet que l'acrimonie de Rousseau. C'est pourquoi, à propos de *Troïlus et Cressida*, Girard peut parler d'un « théâtre de la cruauté » auprès duquel celui d'Artaud est de la roupie de sansonnet (*ibid.*). Et, au sujet de cette même pièce, la plus « anti-cathartique » qui soit, Girard ajoute que s'il est une pièce « qui mérite pleinement l'étiquette d'anti-théâtre », c'est bien celle-ci (p. 288). Mais c'est surtout dans *Jules César* que Shakespeare devait mettre en lumière cette « violence du théâtre » : « la pièce ne porte ni sur César ni sur ses assassins ; elle ne porte même pas sur l'histoire romaine mais sur la violence collective en tant que telle », elle « révèle l'essence violente du théâtre et, au-delà, celle de la culture humaine. Shakespeare est le premier poète et penseur tragique à fixer son attention, implacablement, sur le meurtre fondateur » (p. 277). Or la mort de César (et celle de Brutus) signant l'acte de naissance de l'Empire romain, Shakespeare montre comment « un meurtre maléfique peut devenir bénéfique ». Il s'agit là de la vertu de la « violence réciproque » éclairant le fragment d'Anaximandre invoqué par Girard (*La violence*...,

p. 462), à la suite de Heidegger (*Chemins qui ne mènent nulle part*, Gallimard, 1962) qui y voit la plus vieille pensée de l'Occident :

> « *Or, de là où les choses s'engendrent, de là aussi elles doivent périr selon la nécessité...* », car « *La violence est père et roi de tout* ».

C'est en effet la violence et le « mécanisme victimaire » qui apportent la réponse à ces questions essentielles : « Pourquoi une source de désordre se transforme-t-elle en source d'ordre ? ... Pourquoi les mécanismes du désordre et ceux de l'ordre sont-ils les mêmes ? » (R. Girard, *Shakespeare...*, p. 277).

Ainsi, Girard ne voit dans la nouvelle critique littéraire qu'une nouvelle « mythologie moderne » appliquée à la littérature. Alors que toutes les critiques psychologique, psychanalytique, sociologique, structurale, ne sont, comme le matérialisme selon Auguste Comte, que des « spéculations à la baisse », des explications « du supérieur par l'inférieur » qui ne font que rabaisser l'homme, l'enfoncer avec ses œuvres, la critique de Girard est une apologie de la littérature, une réhabilitation de l'écrivain qui comprend tout, une espérance pour l'homme qui refuse d'être enfoncé par toutes les stratégies savantes qu'on lui oppose.

Mais si la nouvelle critique littéraire n'est que le « masque de la violence », la science politique fonctionne de la même façon car tous ses développements semblent eux-mêmes être commandés par un véritable « Dieu caché » dont le rôle est encore de dissimuler la violence fondatrice.

V. LA SCIENCE POLITIQUE ET SON « DIEU CACHE »

Ayant traité ce thème dans notre précédent ouvrage, *La théologie politique de René Girard et la gauche chrétienne* (L'Harmattan), nous ne ferons porter notre examen que sur un point – à vrai dire essentiel – celui de la critique de deux « dogmes politiques » fondamentaux, le contrat social et le monopole de la violence légitime de l'Etat. Ces deux « dogmes » étant en effet étroitement liés, le premier justifiant le second, la critique de l'un ne peut aller sans la critique de l'autre.

Après avoir rappelé ce qu'il en est de ces deux grands « dogmes politiques » (A), nous en viendrons à la conception de Girard qui réside dans l'explication (et donc la dénonciation) de ces deux dogmes (B).

A - LES DEUX GRANDS « DOGMES POLITIQUES »

Il s'agit du contrat social (1-) et de sa conséquence, le monopole de la violence légitime (2-).

1- Le contrat social

Toutes les conceptions du contrat social, depuis Cicéron (le « lien de droit ») jusqu'à Hobbes, Locke, Rousseau, Kant et même Rawls, peuvent être facilement unifiées.

Pour Cicéron, les Cités sont « les sociétés humaines cimentées par le droit », elles résultent d'un « lien de droit », d'un contrat de société (notre ouvrage *De Montesquieu le moderne à Rousseau l'ancien*,

L'Harmattan, 2001). Chez Hobbes, le « pacte d'association-soumission » est un « pacte de représentation » : par le contrat, la multitude transfert son autorité à une personne fictive qui la représente et qui n'est autre que l'Etat, le *Léviathan*, monstre biblique formé d'individus agglutinés, mais grâce auquel les membres de la société se reconnaissent mutuellement. Pour Locke, le pacte social a beau être un pacte de consentement des membres de la communauté et un pacte de confiance envers les gouvernants, il n'en reste pas moins un « pacte d'unanimité ». Il en va de même - et, peut-être, de façon encore plus caractéristique - chez Rousseau, même si le contrat social n'est plus, chez lui, un pacte de soumission (comme il l'était encore chez Locke), mais un contrat de liberté

La thèse du contrat social est à nouveau pleinement mise en lumière par Kant : alors que les hommes sont mauvais et esclaves de leurs passions, le contrat social les contraint à agir comme s'ils étaient bons et libres - et, selon la formule du *Projet de paix perpétuelle*, le droit « pourrait régir même un peuple de démons ». De même chez Rawls, le « voile d'ignorance » est le postulat d'une « position originaire », celle de personnes impartiales, libres et égales qui ont fait abstraction de leurs appartenances et de leur position dans le champ social, c'est-à-dire de leurs différences : il procède lui aussi d'un « contrat social ».

Le contrat social apparaît ainsi comme le fondement de toute vie sociale, de toute institution, du droit et de l'Etat, le vrai fondement de la souveraineté, celui qui justifie « le monopole de la violence légitime » de l'Etat.

2- Le « monopole de la violence légitime »

La célèbre formule de Max Weber, « l'Etat est l'organisme qui revendique, avec succès, le monopole de la violence légitime », trouve son pendant chez Gramsci, avec sa formule – non moins célèbre – « L'Etat, c'est la dernière Révolution qui a réussi ».

Cette apologie de la force est exprimée plus brutalement par la doctrine de la « puissance étatique » des juristes bismarckiens du IIe Reich (Zorn, Laband et Jellineck), et même par Jhering avec sa célèbre définition du droit comme « la politesse de la force ». Tous ces juristes ont voulu, selon l'expression de Carl Schmitt, « ramener le normatif au factuel », le droit à la force. Car, sous une forme plus élaborée, la tentative de Max Weber est celle de rendre compte de la « violence légitime » par le recours – une nouvelle fois célèbre – aux trois formes de légitimité, traditionnelle (fondée sur le passé), charismatique (fondée sur le prestige du décideur) et rationnelle-légale (fondée sur la science et la norme légale qui en procède) (notre ouvrage, *Nouvelles méthodes des sciences sociales*, L'Hermès, 1999).

Mais encore faut-il rendre compte du caractère « centralisateur » de la violence « légitime » qui, précisément, fonde sa légitimité sur son unité et son unanimité. A cet égard c'est Carré de Malberg, particulièrement influencé par la « théorie de la puissance étatique », qui a le plus fortement souligné « l'unité » et « l'unanimité » comme condition de la toute-puissance de l'Etat (notre ouvrage, *La pensée juridique avant et après le Code civil*, L'Hermès, 1998). Il en va de même avec la célèbre définition de Schmitt « est souverain celui qui décide dans les cas d'exception » : ces cas sont ceux où la « mesure concrète » (l'exécution) ne peut être rapportée à une règle de droit plus générale qui la fonde (« l'exception est ce qui n'est pas subsumable »), mais où la « réalisation du droit » est quand même assurée. Schmitt justifie l'auteur de la « décision d'exception » par sa qualité de « représentant de l'institution » ; par le fait même, est justifiée la *dictature* même si Schmitt se réfère beaucoup plus à la conception romaine de celle-ci qu'à sa conception moderne, la dictature étant pour lui, la manifestation par excellence de la souveraineté et le moment crucial dans la « réalisation du droit » (Carl Schmitt, *La dictature*, 1921). L'auteur de la « décision d'exception », le « représentant de l'institution », le « dictateur » n'est-il pas, finalement, celui qui, sautant à pieds joints au-dessus de toutes les règles posées, de toutes les *instances*, effectue un retour à la *substance* même de la vie sociale, lorsque celle-ci est menacée, un retour au fondement de toute cohésion sociale, de tout pouvoir, de toute souveraineté, de toute centralisation ? (Carl Schmitt, *La notion de politique*, 1932, trad. franç., Calmann-Lévy, 1972, Préface de Julien Freund).

Mais la justification de ces deux dogmes devait être remise en cause radicalement par René Girard.

B - L'EXPLICATION DE RENE GIRARD

Avant d'aborder cette explication, signalons dès à présent que se trouve déjà ici une première rencontre avec Michel Villey, celle de la dénonciation du contrat social et de ses conséquences. En effet on peut lire chez Michel Villey, au sujet de sa réfutation de l'« état de nature » chez Hobbes, la phrase suivante : (dans la perspective de Hobbes, l'Homme devient) « l'auteur de l'ordre juridique ; il le constitue librement. Suit le mythe du *Contrat social*, le droit livré à l'arbitraire de l'Etat moderne, le *positivisme juridique* » (ref., *infra*) – remarque soulignant explicitement que le but du contrat social est de légitimer la force de contrainte de l'Etat.

Des deux dogmes corrélatifs du contrat social et du « monopole de la violence légitime » de l'Etat qui ont la vie dure, Girard, de son côté, a enfin eu raison, dénonçant tant le mythe du contrat social (1-) que sa conséquence, le « mystère » du « monopole de la violence légitime » (2-).

1- Le mythe du contrat social

Le fondement de la société réside dans le meurtre du bouc émissaire, ce dernier étant alors divinisé par sa vertu réconciliatrice, donc consacré puis pérennisé, immortalisé dans les rites. C'est en ce sens que Cicéron avait noté, dans sa *République*, que « c'est par la fondation des cités que l'humanité se rapproche le plus de la divinité ». Ainsi l'origine divine - si souvent invoquée - de la souveraineté doit-elle être rapportée à la « vérité de la violence fondatrice » (a-) qui requiert une unanimité elle-même « fondatrice » (b-).

a- « La violence fondatrice »

La violence fondatrice est certainement l'hypothèse la plus pertinente (et la plus féconde) quant à la réfutation ou – ce qui revient au même - à l'explication de la genèse du « contrat social », donc du droit et de l'Etat (R. Girard, *La violence et le sacré*, p. 615) : elle permet d'unifier et de rejeter toutes les conceptions du contrat social, depuis Cicéron (le « lien de droit ») jusqu'à Hobbes, Locke, Rousseau, Kant et même Rawls.

Ainsi, du « lien de droit » chez Cicéron, ne peut-on penser, à la lumière de Girard, qu'il se noue au moment où la « violence unanime » désigne son bouc émissaire, et qu'il perdure par la répétition de ce moment dans le rite. Le « lien de droit » est donc cet « intérêt rituel commun », cette « ferveur rituelle » qui est le « ciment le plus solide » des sociétés (R. Girard, *Les origines de la culture*, p. 84). Il en va de même avec le « contrat social » expressément reconnu comme tel, le passage de l'état de nature à l'état politique, tout d'abord chez Hobbes. A cet égard, ne peut-on pas noter que Hobbes préfigure, d'une certaine façon, Girard (même si l'œuvre de Girard est tout sauf une apologie de la violence) ? En effet « L'un des grands fondateurs de la science politique, c'est Hobbes, qui a su penser à partir de la crise, jusqu'à un certain point » (R. Girard, *Quand ces choses commenceront*, p. 31). Cela, non seulement lorsqu'il voit dans l'état de nature « la guerre de tous contre tous » (« l'homme est un loup pour l'homme ») mais surtout lorsqu'il fait de la peur, principe de désordre dans l'état de nature, le principe d'ordre dans l'état politique. La peur joue donc chez Hobbes le même rôle que le bouc émissaire qui, selon Girard, « redresse en force d'ordre un mimétisme du désir qui a toujours tendance à se transformer en force de désordre » (R. Girard, in *Girard*, L'Herne, 2008, p. 201). En outre, chez Hobbes, le « pacte de représentation » explique pourquoi, au sujet du « mécanisme victimaire », Girard a pu parler de « représentation persécutrice » – fort bien attestée, chez Hobbes, par le Léviathan, symbole de l'unanimité monstrueuse. Bien que la violence du contrat social soit passée sous silence chez Locke aussi bien que chez Rousseau, là encore, elle est loin d'être absente. En effet, si le contrat social requiert l'unanimité, celle-ci est source d'indifférenciation, or, selon la pertinente formule d'Alfred Simon (art. cité, p. 520), « il faut saisir l'indifférenciation comme violence, ce que ne fait pas la pensée moderne qui, égalitaire dans son principe, voit au contraire dans la différence un obstacle à l'harmonie entre les hommes ». Il en va de même chez Locke et, peut-être, de façon encore plus caractéristique – chez Rousseau, car l'unanimité vicie encore plus la liberté que la soumission dans la mesure où elle en camoufle davantage son origine : l'indifférenciation et la violence. Mais la violence du contrat social est à nouveau pleinement mise en lumière par Kant, et même par Rawls, car le « voile d'ignorance » est-il autre chose que le « voile de l'indifférenciation », le « voile de la violence originaire » ?

C'est donc la représentation persécutrice qui fonde l'unité de la société en donnant l'illusion d'un « contrat social », c'est elle qui en révèle l'origine violente attestée par Caïn et Abel pour le peuple juif, par Etéocle et Polynice pour le peuple thébain et par Rémus et Romulus pour le peuple romain (à cette grande différence, soulignée par Girard, que, dans la Bible, cette violence est dénoncée, alors que chez les Grecs et les Romains, elle est approuvée). La fondation des cités, le contrat social trahissent toujours leur origine violente : comme le suggère Michel Serres, le « pacte des villes » n'est que « le pacte des loups » (Michel Serres, « L'homme est un loup pour l'homme », in *René Girard et le problème du mal*, Grasset, 1982). Ainsi Girard rejette-t-il, avant tout, la grande affirmation de Rousseau selon laquelle « il faut toujours partir d'une première convention » ; il dénonce même l'illustration de ce postulat chez Freud lorsque, dans la horde primitive, les frères, après le meurtre du père, renoncent à se battre pour faire la paix : « donc ils s'assoient autour d'un tapis vert !... Il n'y a que les universitaires et les bureaucrates pour s'imaginer que tout commence toujours par des comités… » (R. Girard, *op. cit.*, p. 53). Le « contrat social » n'est en réalité que la désignation du bouc émissaire qui met fin à la « mimésis d'appropriation » pour instaurer la « mimésis de réconciliation » qui doit se prolonger le plus possible par sa perpétuation dans le rite. Ainsi Girard rejette-t-il « toutes les thèses modernes sur l'origine des sociétés, lesquelles se ramènent toutes à une forme ou à une autre de la même absurdité indéracinable, le *contrat social* » (R. Girard, *Je vois Satan...*, p. 150). Le contrat social n'étant qu'une fiction pour rendre compte d'une certaine « unanimité fondatrice », Girard peut s'attaquer à celle-ci.

b- « L'unanimité fondatrice »

C'est dans « Les maîtres mots de la passion évangélique » (in *Le bouc émissaire*, p. 147-162), que Girard souligne que la foule ne désigne pas seulement « la masse populaire », mais également « les élites » - ce qui ne fait que retrouver la définition du « peuple romain » donnée par Cicéron. En effet, selon Cicéron, même si la plèbe est une composante essentielle et fort caractéristique du peuple, à elle seule, elle ne s'est jamais confondue avec ce dernier. Justinien, à la suite de Gaius, insiste sur cette réalité que le peuple désigne « tous les citoyens », les *universi cives*, c'est-à-dire les patriciens aussi bien que les plébéiens, le *senatus populusque romanus* – or c'est le peuple ainsi défini qui constitue la Cité comme « société de droit » : « la Cité est la constitution du peuple » (notre *op. cit.*, *De Montesquieu le moderne à Rousseau l'ancien*). Pour Girard, c'est bien une « violence unanime » qui fonde la « représentation persécutrice », et celle-ci repose sur la « conjonction de l'effervescence populaire et des autorités constituées », conjonction « irrésistible » dit Girard, mais également « vaine » car elle ne peut « enseigner à repérer les représentations persécutrices et à les rejeter ». Il s'agit ici du piège dans lequel sont tombées aussi bien la théologie que les sciences de l'homme : l'occultation de la représentation persécutrice qui empêche sa « mise en échec » (p. 155-158). Cette dernière réflexion est une critique non seulement de la théologie et des sciences de l'homme, mais de la politique elle-même, sous sa forme pourtant la plus respectable (et reconnue comme telle), la forme républicaine, la forme romaine dans laquelle Rousseau reconnaît la pure expression de la « souveraineté du peuple » alors que, pour Girard, elle n'est que « l'unanimité de la foule ». De cette « conjonction » de l'autorité et de la foule, Girard donne deux exemples frappants tirés des Evangiles : celui d'Hérode qui voudrait sauver Jean-Baptiste, et celui de Pilate qui voudrait sauver Jésus ; mais la pression de la « foule » est trop forte, celle des convives qui réclament à Hérode la tête de Jean-Baptiste, celle de l'effervescence populaire qui réclame à Pilate de « livrer » Jésus et non Barabbas – « les deux chefs finissent donc par céder à la pression mimétique ; ils font désormais partie de la foule » (R. Girard, *La voix méconnue du réel*, p. 186) dont ils consacrent l'unanimité. A cet égard Girard, à la suite d'Emmanuel Lévinas, cite cette règle du Talmud selon laquelle, lorsqu'une décision était prise à l'unanimité, elle était automatiquement annulée : « *Si tout le monde est d'accord pour condamner un prévenu, relâchez-le, il doit être innocent* » (R. Girard, *Je vois Satan...*, p. 186). Girard ne rejoindrait-il pas ici la critique marxiste pour dénoncer l'illusion d'une « volonté générale », d'un « consentement unanime » comme fondement de l'Etat, ou du moins il rejoindrait cette critique en montrant que, s'il peut y avoir un « consentement unanime », il ne sera jamais celui qu'on croit – ne rejoindrait-il pas également la thèse, conforme à la doctrine chrétienne, de l'impossibilité d'un « Etat chrétien » ? Or cette unanimité étant la justification de la plus grande force de contrainte reconnue à l'Etat, c'est cette dernière que Girard doit également expliquer.

2- Le « mystère » du monopole de la « violence légitime »

C'est la violence fondatrice qui est le vrai fondement de la souveraineté. La « violence sacrificielle » apparaît, selon l'expression de Lucien Scubla, comme « la forme prototypique de la violence légitime, celle qui transcende toutes les violences, privées ou publiques, sauvages ou civilisées, qui peuvent s'exercer entre les individus ou les groupes » (Lucien Scubla, René Girard ou la renaissance de l'anthropologie religieuse, in *Girard*, L'Herne, p. 108). La violence en effet n'est fondatrice que dans la mesure où elle est unanime dans la désignation de la victime, dans la « représentation persécutrice ». Or Girard rapporte, en dernier ressort, la souveraineté au *sacré*, c'est-à-dire au *sacrifice* en tant que métamorphose de la violence en sacré. Telle est, selon Girard, « la vérité de la violence fondatrice… le mystère de la violence et du sacré, de la victime souveraine et du souverain victimisé » (R. Girard, *Des choses cachées…*, p. 75). Selon Girard, ce « mystère » peut être éclairé à la lumière de la « royauté sacrée » étudiée par les ethnologues (a-) et à celle de la conception d'un « législateur primordial » comme fondateur des cités (b-).

a- La « royauté sacrée »

Déjà, dans *Le rameau d'or*, Frazer avait bien montré, à partir d'exemples tirés de toutes les régions du monde, que la « royauté sacrée » reposait sur la mise à mort rituelle du roi. Allant plus loin, Hocart, dans *Rois et courtisans*, « arrivait à la conclusion que les premiers rois avaient dû être des rois morts, autrement dit des victimes sacrificielles » (p. 106).

Ainsi le roi n'est rien d'autre qu'un bouc émissaire, la « victime souveraine » et le « souverain victimisé », et l'intronisation « la répétition du mécanisme fondateur ; c'est en qualité de victime réconciliatrice… que règne le roi » (p. 74). Ce qui confirme l'origine sacrificielle de la monarchie, ce sont les humiliations et ignominies qu'on fait subir au roi avant son intronisation : il s'agit de toutes sortes de sévices tels que le flageller, lui faire ingurgiter des nourritures immondes, le plus symptomatique étant de lui faire commettre l'inceste qui prend une valeur rituelle. Ainsi Girard rappelle que Marie-Antoinette fut accusée d'inceste avant d'être conduite à la guillotine.

Mais, interroge Girard, que doit-il se passer pour que, à partir des formes sacrificielles ordinaires, « le rituel produise une institution politique, un pouvoir monarchique » ? La réponse réside dans le « sursis d'immolation ». Le roi n'est d'abord qu'une victime en sursis d'immolation, et qui a mis à profit ce sursis « pour transformer en pouvoir effectif la vénération terrifiée » qu'on lui porte. La royauté n'est alors que « l'intervalle entre la sélection de la victime et le sacrifice », intervalle qui doit sans cesse s'allonger pour assurer l'emprise toujours plus grande du sursitaire sur la communauté jusqu'à ce que le sacrifice du monarque devienne « impossible sinon encore impensable » (Scubla, p. 60). Et cet allongement est consacré par les victimes qui, substituées au monarque, héritent de son prestige (p. 61). Situé au cœur de la société, le pouvoir royal fait alors observer les règles les plus fondamentales de l'existence humaine, c'est pourquoi il est inséparable du pouvoir central. Comme l'écrit Lucien Scubla, « la concentration des activités rituelles autour de la personne du roi, a fini par donner naissance à l'Etat moderne centralisé ; et … la division du travail rituel (entre le roi et ses assistants), qui accompagne ce processus, a produit la différenciation des pouvoirs politique, religieux, militaire, économique, etc. » (Préface à A. M. Hocart, *Au commencement était le rite,* La Découverte, 2005, p. 33-34).

Le pouvoir politique lui-même est différencié, soumis à la « division du travail rituel ». Ainsi sont bien d'origine rituelle et sacrificielle les « pouvoirs régaliens » qui assurent le maintien de l'ordre public interne et international, et, par voie de conséquences, les « attributs de la puissance étatique » que sont la reddition de la justice (gardienne de l'ordre social, donc du droit et des « sceaux » du royaume), la levée des armées (fort bien nommée « l'impôt du sang »), la perception de l'impôt (servant au financement des rites, elle est aussi, d'une certaine façon, un « impôt du sang »), la nomination aux charges publiques (qui correspond à la répartition des « charges sacrificielles »), la frappe de la monnaie (pour juguler la violence, n'est-il pas normal que la monnaie soit elle-même « battue » avant d'être vénérée ?), la collation des grades universitaires (qui, avec le système d'enseignement et celui des examens et concours, est toujours donnée comme le meilleur exemple de la survivance des « rites d'initiation ») – toutes manifestations de pouvoirs et d'attributs qui, à l'image de la violence unanime ou fondatrice, requièrent toujours une certaine forme de centralisation.

La même origine sacrée du pouvoir se rencontre dans la conception d'un « législateur primordial » suffisamment illustrée par les exemples de Moïse pour les Hébreux, de Zarathoustra pour les Iraniens ou de Solon et Lycurgue pour les Grecs.

b- Le « législateur primordial »

C'est certainement dans « Les démons de Gérasa » (in *Le bouc émissaire*, p. 233-258) que Girard a donné l'illustration la plus forte de la genèse de l'Etat et de la Constitution à partir de la « violence fondatrice ». Pour cela il faut revenir aux « deux grands modes de mise à mort rituelle... : la lapidation et la chute du haut de la falaise » : modes d'immolation sacrificielle, puis d'exécution capitale, très répandus dans l'Antiquité (il suffit de rappeler la lapidation de la femme adultère – prescrite par la loi mosaïque – avec sa célèbre annulation par le Christ, ou le martyre d'Etienne, pour le premier, et le saut de la roche Tarpéienne à Rome, pour le second). Or ces deux grands modes d'exécution se caractérisent par l'unanimité des participants, leur absence de contact avec la victime, leur même degré d'innocence et de responsabilité (p. 248) : « Les persécuteurs agissent tous de la même façon ». C'est dans ce mécanisme, dans « ces formes violentes de l'unanimité » qu'il faut placer l'origine de « la force de l'Etat ». Cette dernière se traduit par l'illusion des traditions religieuses « qui désignent toujours du doigt une espèce de législateur primordial, un être d'une sagesse et d'une autorité surhumaines qui aurait doté la communauté de toutes ses institutions fondamentales » (p. 249). Il s'agit bien ici de la manifestation par excellence de la « violence réciproque » puis de la « violence unanime » qui se confond avec la « violence fondatrice » et qui explique la ressemblance entre l'immolation de la victime et l'exécution du criminel qui, toutes deux, exigent la participation unanime de la communauté. Les grands législateurs ne sont ainsi que « les boucs émissaires dont le meurtre réussi est, à cause de ses effets réconciliateurs, scrupuleusement imité, recopié et perfectionné dans les rites ». Ce meurtre

« coupe court à la vengeance. Il semble donc relever d'une sagesse plus qu'humaine… Le législateur suprême est l'essence même du bouc émissaire sacralisé » (p. 250).

Girard rend bien compte ici de la conception antique et rousseauiste du législateur comme être surhumain et inspiré, « à tous égards un homme extraordinaire dans l'Etat » dit Rousseau, mais qu'en plus, en faisant du législateur le bouc émissaire sacrifié par la foule unanime, il répond au paradoxe de Rousseau d'après lequel, si le peuple est « l'auteur de la loi », il ne saurait être législateur, le peuple n'étant que « la foule » par rapport au « bouc émissaire » qu'il a choisi ou qui s'est imposé à lui. En effet, au sujet du peuple, Rousseau écrit : « Comment une multitude aveugle qui souvent ne sait ce qu'elle veut, parce qu'elle sait rarement ce qui lui est bon, exécuterait-elle d'elle-même une entreprise aussi grande, aussi difficile qu'un système de législation ? » (*Du contrat social*, chapitre VI, « De la loi »). Rousseau en déduit qu'« Il faudrait des dieux pour donner des lois aux hommes » : cela étant impossible, il ne reste, pour cet office, que « le bouc émissaire divinisé ». En outre Rousseau repère bien, dans le législateur, l'un des traits distinctifs de la victime émissaire, en notant qu'il s'agit souvent d'un étranger : « C'était la coutume de la plupart des villes grecques de confier à des étrangers l'établissement de leurs (lois) », coutume imitée par « les Républiques modernes de l'Italie » et celle de Genève qui « s'en trouva bien » (avec Calvin). Ce qui confirme cette interprétation, c'est la remarque finale que concède Rousseau, *in extremis*, et comme à regret, dans la dernière phrase de son chapitre sur le législateur : « Il ne faut pas de tout ceci conclure avec Warburton que la politique et la religion aient parmi nous un objet commun, mais que dans l'origine des nations l'une sert d'instrument à l'autre » (chapitre VII, « Du législateur »). C'est en ce sens également que doit être comprise l'apologie hégélienne du « héros », du « grand homme », car ce sont bien souvent des individualités privilégiées qui incarnent l'esprit de leur peuple : cette incarnation peut apparaître aussi bien comme la volonté de Dieu que comme une violence qui est, selon Hegel, « le droit des héros à fonder les Etats ». Or l'explication de la genèse du « législateur primordial » ne diffère pas de celle de la royauté qui, à l'origine, était toujours une « royauté sacrée » : il s'agit toujours de la violence fondatrice, de la divinité persécutrice, véritable « Dieu caché » de la science politique.

Ainsi toutes les théories de la souveraineté qui ont précédé Girard, font désormais figure de balbutiements, et, dans le domaine de la science politique (comme dans celui des sciences humaines en général), on pourrait distinguer deux périodes : l'une avant Girard et l'autre après lui.

Appréhendé par Girard, le domaine de la science politique montre déjà que la mutation de la « violence réciproque » en « violence unanime » ou « violence fondatrice » est à l'origine de la socialisation et de l'institutionnalisation, comme elle l'est également de la divinisation : le dénominateur commun est toujours l'unité contre une victime arbitraire. Ce caractère, la science économique et la science juridique l'illustrent encore bien davantage. La victime arbitraire présente en effet, par rapport à la foule, les deux caractères d'extériorisation et de médiation qui sont la marque de la culture, et qui se reconnaissent dans les institutions, régulatrices et normalisatrices de la violence, au cœur desquelles l'économie et le droit occupent une place centrale.

En effet, les plus « institutionnalisées » des sciences humaines, la science économique et la science juridique, sont également celles dont le caractère scientifique est le plus marqué, comme le prouvent les savantes théories qu'elles ont élaborées et dont le point de mire est toujours l'idéal logico-mathématique. C'est le cas, pour la science juridique, avec la « théorie pure du droit » de Kelsen ou avec la « logique des normes » (partie la plus avancée des « logiques non-classiques ») développée par Georges Kalinowski. Pour la science économique, ce caractère est encore plus marqué avec l'appareil mathématique auquel elle fait de plus en plus appel, si bien que l'on pourrait dire que le mathématicien est aujourd'hui meilleur économiste que l'économiste, comme on avait dit naguère (au sujet de l'œuvre de Poincaré) que le mathématicien était meilleur physicien que le physicien !

VI. LA SCIENCE ECONOMIQUE : « LA VIOLENCE DE LA MONNAIE »

C'est le rôle de l'unanimité fondatrice que, dans le domaine de l'économie, Michel Aglietta et André Orléan ont mis en lumière dans un ouvrage appelé à faire date (*La violence de la monnaie*, P.U.F., 1982), montrant que l'analyse de Girard permettait une approche singulièrement pénétrante du problème de la monnaie qui occupe une place centrale dans la vie économique. Ainsi les auteurs décrivent-ils la crise mimétique afférente au domaine économique (A) et sa résolution provisoire par la création de la monnaie (B).

A - LA CRISE MIMETIQUE DANS LE DOMAINE ECONOMIQUE

L'opération première et fondamentale de l'économie n'est pas le calme et la paix du troc, mais le trouble et la violence de la *capture*, de l'appropriation de biens. La vie économique tout entière est en effet éclairée par la

« *mimésis d'appropriation* » telle que l'a révélée Girard. Ce qui caractérise l'être humain, encore plus que l'être vivant en général, en raison de la « rivalité mimétique » et de la logique du désir, c'est la *capture*. L'appropriation, la recherche de la richesse est liée au désir, rapport humain fondamental. La soif d'acquérir, l'accaparement, est la forme par excellence du désir, parce qu'impliqué par la rivalité mimétique. Le véritable rapport social est le rapport élémentaire sujet-objet-rival correspondant chez Marx au « rapport marchand » défini comme la contradiction entre valeur d'usage et valeur d'échange. La contradiction tient au *double bind*, au fait que le rival « est à la fois modèle et obstacle » : « La valeur d'usage est l'objet en tant qu'il est désigné par le rival comme objet du désir du sujet. La valeur d'échange est l'obstacle que le rival place devant le désir acquisitif du sujet » (p. 34-35). Le caractère asymétrique de l'échange révèle sa violence dans le retournement du processus lorsque le rival devient sujet. Les deux rapports asymétriques du sujet à son modèle s'excluent l'un l'autre. « C'est le rapport des doubles qui est l'*ultima ratio* de la rivalité mimétique. Chaque sujet cherche à s'approprier le désir de l'autre en l'imitant », mais « il ne découvre que l'indifférenciation, le même qui ne fait qu'exacerber le désir » (*op. cit.*, p. 37). Ainsi s'explique « l'anarchie marchande ».

Cette analyse apporte un démenti à la doctrine économique classique et néo-classique pour qui le rapport d'échange est un rapport symétrique, celui de la « séparation marchande » définissant « l'objectivité marchande », condition de « l'équilibre général » notoirement décrit par Walras pour présenter une économie entièrement « pacifiée ». A la lumière de la conception de Girard, il faut le concevoir, non comme un rapport symétrique, mais comme un « rapport de doubles » dans lequel tout se confond. Car le rapport d'échange est constitué de deux rapports asymétriques qui ne se réduisent pas à un rapport symétrique mais s'excluent dans un antagonisme violent : telle est la structure mimétique de l'échange. Dès lors le monde économique serait plongé dans la crise mimétique et le chaos si la monnaie n'était là pour le sauver, au moins provisoirement.

B - LA RESOLUTION DE LA CRISE PAR L'INSTITUTION DE LA MONNAIE

La monnaie joue un peu le même rôle dans le domaine économique que le « bouc émissaire » dans le domaine du sacré : elle doit d'abord faire l'unanimité sur la fonction qu'elle est appelée à remplir (1-), ce qui lui confère une véritable « souveraineté » (2-).

1- « L'unanimité monétaire »

Le rapport d'échange étant constitué de deux rapports asymétriques, il faut retrouver la mission sociale première de la valeur d'usage qui est de détourner et de canaliser la violence (grâce à l'objet), d'empêcher le désir de s'emparer de la personne de l'autre, ce désir d'anéantissement réciproque, de meurtre et de vengeance (p. 35). Pour cela, il faut faire intervenir un troisième terme médiateur, radicalement différent des deux protagonistes, afin que s'engage le processus élémentaire de socialisation : l'institution du social. L'échange apparaît alors comme un rapport ternaire car il doit perpétuellement expulser la violence et réaffirmer la légitimité de l'institution médiatrice. Ce troisième terme « est donc bien élu par l'acte qui l'exclut. Il est donc nécessairement transcendant vis-à-vis des relations concurrentielles » (p. 41).

Comme l'écrit André Orléan (« Pour une approche girardienne de *l'homo oeconomicus* », in *Girard,* L'Herne, 2008, p. 261-269) l'institution est le résultat de la polarisation mimétique sur un même objet capable de résoudre la crise en donnant au désir de richesse une « forme socialement reconnue » pour en faire le « désirable absolu », il permet, en instituant un langage de l'entente, de ressouder la communauté déchirée en une « totalité sociale » : ce « désirable absolu », c'est la monnaie qui « est bien l'institution fondatrice de l'ordre marchand », introduisant la différence d'abord entre monnaie et marchandises profanes, puis entre valeur d'usage et valeur d'échange, mais aussi entre acheteurs et vendeurs, et faisant donc cesser, en ce domaine, l'indécision et l'incertitude. « A partir d'elle émerge la différence, là où n'existait que l'indifférenciation… ». La monnaie joue donc exactement le même rôle dans l'ordre marchand que le sacré dans l'ordre anthropologique, celui d'institution fondatrice : « Elle ne supprime pas les rivalités, mais, par le jeu de la dévotion unanime dont elle fait l'objet, elle crée les conditions d'une paix provisoire » (art. cit., p. 265). Grâce à la monnaie, l'anarchie marchande est provisoirement contenue (la monnaie la contient, dans les deux sens du terme). Etant acceptée par tous, la monnaie jouit d'une liquidité absolue par la vertu de l'unanimité mimétique dont elle procède. Ainsi s'explique le caractère « centralisateur » de la monnaie qui fonde sa légitimité sur son unité et son unanimité, et l'on peut parler d'une véritable « souveraineté monétaire ».

2- « La souveraineté monétaire »

La « souveraineté monétaire », tout comme la « souveraineté politique », repose sur ce que Michel Serres appelle la « loi d'empire » (M. Serres, *Rome. Le livre des fondations*, Grasset, 1983). En effet jouissant d'une liquidité absolue, c'est-à-dire d'un « pouvoir d'achat » illimité, la monnaie étend son empire sur tous les biens et tous les sujets, elle est souveraine dans l'ordre marchand : sa valeur repose sur une croyance durable en sa liquidité, elle disparaît quand cette croyance est mise en doute provoquant une « crise de la monnaie ». La monnaie repose sur la confiance, ce qui est vrai non seulement pour le « papier-monnaie », mais aussi pour « l'argent métal », et même pour l'or : « ce n'est pas le métal, mais la confiance qui fait la monnaie, *non aes sed fides* ». A cet égard « l'empire de la monnaie », tout comme la « royauté sacrée », repose lui aussi sur le « sursis d'immolation », l'écart entre le moment où la monnaie est investie, et celui où elle sera désinvestie. Il en va de la monnaie comme du pouvoir, elle n'a d'existence qu'entre le Capitole et la Roche Tarpéienne. Aussi n'est-il pas étonnant que sur les pièces de monnaie figure souvent la tête d'un roi déjà décapité, d'un « roi mort », analogue à celle de ce pauvre homme qui fut exhumée lors de la réalisation des fondations du Capitole. D'ailleurs si Louis XVI fut arrêté à Varenne, c'est que l'aubergiste avait reconnu, sur une pièce de monnaie, la tête du Roi : c'est lui qui rendit possible le passage de l'effigie à la réalité de son exécution. Par l'unité et l'unanimité qu'il requiert, le « suffrage monétaire » est lui aussi un « suffrage universel ». Michel Serres en découvre l'origine dans la *loi tarpéienne* qui, vers 450 av. J.-C., « permet de passer du bétail à l'argent dans l'estimation des amendes », du bétail à l'*aes rude*, au « métal brut », puis à l'*aes signatum*, le métal portant l'empreinte d'une brebis ou d'un bœuf (p. 153) - ce qui explique pourquoi, sur les plus anciennes pièces, figurait un bœuf, un animal sacrificiel. Ce passage est celui « de la bête aux fragments qu'on jette sur elle, au suffrage » (p. 154). Telle est l'histoire de *Tarpéia*, la jeune vestale sacrifiée sous les boucliers et les bracelets des Sabins : « Tarpéia gît sous les pierres précieuses. Elle meurt sous son propre prix... Combien vaut Tarpéia ? Combien vaut la prise de Rome ? » (p. 152). Ainsi l'échange a-t-il une origine sacrificielle : échanger, c'est jeter la pierre sous forme de monnaie, c'est encore lapider, ne dit-on pas parfois que c'est « dilapider » ?

Ce qui est vrai pour l'économie avec la « violence de la monnaie », l'est également pour le droit qui fait toujours intervenir une incoercible violence.

VII. LA SCIENCE JURIDIQUE : LA « VIOLENCE DU DROIT »

Plaçant au centre de sa réflexion le problème de la violence, Girard a pu déranger encore plus un monde devenu de plus en plus violent, et qui ne voulait surtout pas faire l'examen de conscience auquel il était expressément convié, et surtout pas le monde politique qui était le plus directement concerné. Le domaine politique étant inséparable de celui du droit, « colonne vertébrale de la société » selon l'expression de Marcel Mauss, la conception de Girard ne manquait pas d'apporter une nouvelle réponse au vieux problème du fondement du droit, prenant à contre-pied tous les juristes, historiens et philosophes du droit, pour qui le problème de la « violence du droit » se ramenait toujours à celui du pouvoir coercitif de l'Etat, sans jamais en soupçonner l'origine sacrificielle que semblerait contredire la dimension morale du droit.

C'est le mérite de Girard d'avoir balayé cette illusion en montrant que la dimension morale du droit trouve son origine dans le rite (A) qui a pour but d'éviter le retour de la crise en effectuant le passage de l'indifférence à la différence, de l'incertitude à la certitude, passage qui est celui du « non-droit » au « droit » (B).

A - DIMENSION MORALE ET ORIGINE RITUELLE DU DROIT

Si le vieux problème des rapports du droit et de la morale a bien mis en lumière la dimension morale du droit (1-), il n'en a pas souvent laissé soupçonner l'origine rituelle (2-).

1- La dimension morale du droit

Dans ce célèbre problème, pour donner l'exemple du Code civil, Michel Villey rappelle que les trois articles dont on a dit qu'ils constituaient « les colonnes de notre Code civil » : 1) art. 544 sur le droit de propriété ; 2) art. 1134 sur le contrat ; 3) art. 1382 sur la responsabilité, trouvaient, par l'intermédiaire du *De officiis* de Cicéron, leur source lointaine dans les trois règles morales empruntées aux Stoïciens : 1) S'abstenir religieusement du bien d'autrui ; 2) Tenir sa parole ; 3) Réparer le dommage causé par sa faute (M. Villey, *Cours de philosophie du droit*, 1962, p. 624). Notons que ces trois règles sont tout aussi bien à la base de notre Code pénal où elles pourraient prendre la formulation suivante : 1) Ne pas voler ; 2) Ne pas frauder ; 3) Etre soumis à la sanction réparatrice. Ajoutons que ces trois règles sont non seulement conformes aux deux préceptes chrétiens dont Ulpien, puis Justinien, feront le socle de tout le droit romain christianisé : 1) Ne pas faire à autrui ce que l'on ne voudrait pas qu'il nous fît, 2) Faire à autrui ce qu'on voudrait qu'il nous fît, mais également au *Décalogue* de Moïse. A cet égard René Girard (*Je vois Satan tomber...*, p. 24) a montré que les *Dix Commandements* étaient conçus de façon à toujours réduire, sinon éliminer, la « rivalité mimétique » - ce qui est patent avec la référence au « voisin », au « prochain », qui trouve son point d'orgue dans le dixième et dernier commandement :

> « *Tu ne convoiteras pas la maison de ton prochain, ni sa femme, ni son serviteur, ni sa servante, ni son bœuf, ni son âne, rien de ce qui est à lui* » (*Ex.* 20, 17).

Or Girard a bien montré l'origine rituelle de cet impératif de réduction de la rivalité mimétique.

2- L'origine rituelle du droit

Michel Villey (*Le droit romain*, P.U.F., 1964, p. 13-14) rappelle que, dans l'ancien droit romain, l'antique procédure en justice prend la forme de rites. Le préteur ne donne son concours qu'aux demandes exprimées dans l'une des *formules* d'usage. Par exemple un propriétaire qui s'est fait voler un esclave doit amener celui-ci au tribunal, et lui posant une baguette sur la tête (en signe de propriété), doit prononcer une longue formule dont voici l'essentiel : « *Je dis que cet esclave est mien en vertu du droit quiritaire* ». En outre les Pontifes furent les premiers jurisconsultes, les créateurs et les gardiens de la « science du droit privé » dont la tradition place, à juste titre, le berceau, dans leur collège. Ainsi s'explique la genèse du droit qui vise, avant tout, selon Michel Villey, « l'extinction des violences et des désordres » (*Cours d'histoire de la philosophie du droit*, p. 610). Aussi n'est-il pas étonnant que le latin désigne le droit par le mot *jus* qui proviendrait d'une vieille racine indo-européenne, *yos*, signifiant « rite ». Or cette origine rituelle du droit est inséparable de son origine mythique, c'est-à-dire des deux moyens, en apparence opposés mais en réalité complémentaires, de commémorer le « meurtre fondateur » : « le rassemblement de tous contre une victime unique est la résolution normale sur le plan culturel et la résolution proprement normative car c'est d'elle que jaillissent toutes les règles culturelles » (R. Girard, *Des choses cachées...*, p. 36).

Car, après avoir empêché le renouvellement de la crise par le mythe, il faut « perpétuer l'effet réconciliateur de la victime émissaire » par le rite, il faut « établir de façon durable » cet effet réconciliateur : c'est la définition étymologique même (*in-stituere*) de « l'in-stitution ». Or le fondement du rite, comme celui du mythe, est toujours l'interdit : le mythe vise à empêcher tout ce qui pourrait renouveler la crise : *l'interdit* prohibe le renouvellement de la crise, il « réduit l'incertitude » comme le dirait Hayek - ce que montre à l'évidence le passage du « non-droit » au « droit ».

B - LE PASSAGE DU « NON-DROIT » AU « DROIT »

La célèbre opposition du « non-droit » au « droit » a été explorée naguère par le doyen Carbonnier, dans toutes ses dimensions (*Flexible droit. Pour une sociologie du droit sans rigueur*, L. G. D. J., 9e éd., 1998, « L'hypothèse du non-droit »). Il suffit de rappeler ici que le non-droit (bien qu'il soit, selon le doyen Carbonnier, une « clairière » du droit, un espace de liberté mais avec tous les risques de violence que cela peut engendrer), reste le domaine de l'indifférenciation, de « l'incertitude terrifiante », face au droit qui apparaît comme le domaine des « certitudes légitimes ». Ce passage du non-droit au droit est avant tout la fonction de l'interdit (1-) et il apparaît manifestement avec la création de l'institution judiciaire (2-).

1- La fonction de l'interdit

Dans *La violence et le sacré*, Girard a bien montré la genèse du droit à propos de l'un des premiers interdits, celui de l'inceste : « les interdits sexuels, comme tous les autres interdits, sont sacrificiels ; toute sexualité légitime est sacrificielle… il n'y a pas plus de sexualité légitime qu'il n'y a de violence légitime *entre les membres de la communauté* » (p. 321). En effet, si l'interdit apparaît comme sacré, s'il a été « fait sacré », c'est pour perpétuer l'effet du sacrifice, éviter le retour de la violence : « Tout ce que la violence sacrée a touché appartient désormais au dieu et fait, en tant que tel, l'objet d'un interdit absolu… Partout où la violence a flambé, l'interdit s'élève » (p. 320-321). A cet égard, lorsque Kelsen, invoquant un mythe antique, écrivait : « De même que tout ce que le roi Midas touchait se transformait en or, tout objet auquel le droit s'applique acquiert une existence juridique » (H. Kelsen, *Théorie pure du droit*, trad. Eisenmann, Dalloz, 1962, p. 133), cette belle formule frise la tautologie, ce qui n'est plus le cas si on précise, avec Girard, que tout ce que la violence sacrée touche se transforme en interdits c'est-à-dire en droit Les interdits conduisent donc de la zone du non-droit à celle du droit, ce qui est vrai des interdits sexuels comme des interdits contre la violence : « il en est des règles matrimoniales - qui sont l'envers des interdits de l'inceste - comme des règles déterminant le choix des victimes sacrificielles - qui sont l'envers des interdits de la vengeance. Toutes ces règles impriment à la sexualité et à la violence la même direction centrifuge » (*op. cit.*, p. 322) - cette « direction centrifuge » étant celle de la « zone du droit » que Girard qualifie de « zone interdite » : « Autour de la sexualité légitime s'étend une véritable zone interdite, celle que définissent toutes les prohibitions sexuelles… De même, aux abords du temple, autour du lieu où se déroulent les sacrifices, la violence est plus sévèrement défendue que partout ailleurs ». Les interdits de la sexualité, comme ceux de la violence, dressent ainsi un « véritable cordon sanitaire » entre la zone du non-droit et celle du droit. Girard peut alors parler d'une « zone protégée » rendant possible la fonction éducatrice et humanisatrice qui se confond avec la fonction même du droit, qui est celle aussi de la religion : « Les interdits ont une fonction primordiale ; ils réservent au cœur des communautés humaines, une zone protégée, un minimum de non-violence absolument indispensable aux fonctions essentielles, à la survie des enfants, à leur éducation culturelle, à tout ce qui fait l'humanité de l'homme » (p. 322-323). Ainsi la zone du droit est-elle une « zone de non-violence », par opposition à la zone du non-droit comme « zone de violence » - ce qui apparaît encore plus avec la création de l'institution judiciaire.

2- La création de l'institution judiciaire

Le passage de la violence à la non-violence, du non-droit au droit, est particulièrement illustré par l'émergence de l'institution judiciaire qui instaure le passage de la vengeance qui est la « justice arbitraire » à la justice rendue par le droit. L'origine de l'institution judiciaire, comme celle du droit en général, comme celle de l'interdit, est sacrificielle et donc religieuse - la justice ne faisant qu'organiser et rationaliser la sanction de la violation de l'interdit. D'ailleurs Girard traite de ce problème, l'origine de l'institution judiciaire, dans le premier chapitre de *La violence et le sacré*, qui a pour titre « Le sacrifice ». En effet les sociétés dépourvues de système judiciaire sont constamment menacées de s'enfermer dans le « cercle vicieux » de la vengeance. Le système judiciaire « ne supprime pas la vengeance : il la limite effectivement à une représaille unique dont l'exercice est confié à une autorité souveraine et spécialisée dans son domaine » et dont les décisions « s'affirment toujours comme le *dernier mot* de la vengeance » (p. 29). Dans les sociétés sacrificielles, c'est le sacrifice qui « empêche la violence de se développer », qui aide les hommes à la tenir « en respect » (p. 33). L'institution judiciaire a incontestablement une origine sacrificielle, mais, par ses caractères extérieur, transcendant, légitime, elle « *rationalise* la vengeance », possédant sur elle « un monopole » qui lui permet de l' « étouffer », d'empêcher sa propagation et sa contagion. « Le système judiciaire et le sacrifice ont donc en fin de compte la même fonction mais le système judiciaire est infiniment plus efficace » (p. 39).

S'il est vrai que le droit est toujours lié à l'idée de normalité, source de toute normativité, de tout système de règles, Girard a parfaitement rendu compte de l'origine sacrificielle du droit, comme de toute forme de culture : « le rassemblement de tous contre une victime unique est la résolution normale sur le plan culturel et la résolution proprement normative car c'est d'elle que jaillissent toutes les règles culturelles » (R. Girard, *Des choses cachées*..., p. 36) - ce qui révèle le fondement sacré des institutions et de la souveraineté que toute la science des juristes et politologues n'est jamais vraiment arrivée à cerner.

CONCLUSION DU CHAPITRE I

Il apparaît que, chez Girard, la critique des sciences humaines n'est qu'une face, particulièrement frappante, de sa critique de la culture en général : « Toutes les institutions post-rituelles sont engendrées de la même façon » (R. Girard, *Des choses cachées...*, p. 92). Qu'il s'agisse de ce que, à la suite de Gramsci, Althusser appelle « l'appareil répressif d'Etat » (administration, police, justice, armée) ou les « appareils idéologiques d'Etat » (au sein desquels la philosophie et les sciences humaines occupent une place centrale), toutes ces institutions « sont engendrées de la même façon (par) le processus d'expulsion de l'expulsion, c'est-à-dire de l'effacement des traces » (p. 92-93). En effet qu'un tombeau puisse être le fondement de la culture, voilà ce qui semble aller à l'encontre de la raison. Cette genèse de toute la culture humaine contredit fondamentalement le rationalisme moderne pour qui toutes les œuvres, toutes les pratiques, toutes les institutions culturelles ont été élaborées par la raison humaine, en dehors de toute référence au *religieux* qui « ne peut être que superflu, superficiel, surajouté, autrement dit *superstitieux* ». Girard appelle « platonisme culturel » cette illusion selon laquelle les réalisations humaines seraient sorties, tout armées par la raison, du cerveau des hommes - « platonisme culturel » qui est la manifestation institutionnelle de « l'essentialisme platonicien » qui consiste à postuler des « essences » comme principes explicatifs pour cacher la violence fondatrice (p. 142). En réalité c'est la répétition des rites qui les modifie et les transforme en pratiques d'apparence rationnelle, alors qu'elles sont toujours d'origine religieuse (p. 146). « Le véritable guide de l'humanité n'est pas la raison désincarnée mais le rite... Les sociétés humaines sont l'œuvre des processus mimétiques disciplinés par le rite » (p. 148). Ainsi la répétition des rites enclenche « un lent processus de sécularisation qui ne fait qu'un avec une espèce de *rationalisation* et de *fonctionnalisation* » (p. 149). Cette même répétition produit « collaboration » et « harmonie » entre les hommes, gage de la « fécondité » des rites qui modèrent la violence et canalisent les énergies « dans des directions positives, humanisatrices ». C'est pourquoi « la ritualisation du meurtre fondateur est la première institution et la plus fondamentale, la mère de toutes les autres, le moment décisif dans l'invention de la culture humaine » (p. 150). Déjà, dans *La violence et le sacré*, Girard montrait que ce n'est pas, comme le croyait Auguste Comte, l'astronomie, mais la victime émissaire, et donc la religion, qui fut l'institutrice de l'esprit humain : « La victime émissaire, mère du rite, apparaît comme *l'éducatrice* par excellence de l'humanité » (p. 459). N'est-ce pas ce qu'avait compris Alain lorsqu'il rappelait que « dans *culture*, il y a *culte* » ?

Partant d'une telle découverte - car, assurément c'en est une - il n'est pas étonnant que Girard ait pu siffler la fin de la récréation intellectuelle, mettant au placard toutes les sciences humaines : la psychologie sous toutes ses formes, y compris la psycho-sociologie entièrement renouvelée, la sociologie et la science politique d'Aristote à Marx, d'Auguste Comte à Raymond Aron, l'ethnologie de Lévi-Strauss, la psychanalyse de Freud et Lacan, la psychiatrie (avec ses avatars, anti-psychiatrie et ethno-psychiatrie), la linguistique depuis Saussure, la nouvelle critique littéraire…, mais aussi jetant à la trappe toute la philosophie, de Platon et Aristote, Descartes, Kant, Hegel et Marx, jusqu'à Nietzsche et Heidegger, sans oublier Sartre ni les « structuralistes » Foucault et Derrida, et sans parler de la théologie qu'il renouvelle entièrement. Non seulement le marxisme, le freudisme, l'existentialisme, le structuralisme sont relégués dans les oubliettes de la mode, mais, avec eux, « l'arrogance romantique » et ses rejetons, le symbolisme, le gidisme, le valérysme et le surréalisme. Avec Girard, tous les coups de maître vénérés deviennent des coups d'essai, parfois même des coups d'épée dans l'eau. Il administre un formidable coup de balai, ce coup de fouet assassin qui fait bien de lui « le balayeur des sciences humaines » (philosophie et critique littéraire comprises), en même temps que le promoteur d'une véritable « épistémologie négative », celle de la « divinité persécutrice ».

Mais, après l'épistémologie négative de René Girard, il faut aborder celle de Michel Villey.

CHAPITRE II

L'EPISTEMOLOGIE NEGATIVE DE MICHEL VILLEY

Sa critique du droit, de la philosophie et des sciences humaines, Michel Villey l'a synthétisée dans toute son ampleur, en 1987, dans son dernier ouvrage qui portait sur le droit et la politique chez Saint Thomas d'Aquin : *Questions de Saint Thomas sur le droit et la politique*, P.U.F., et notre ouvrage *Thomas d'Aquin. Droit, politique et métaphysique*, L'Harmattan, 2011). En effet Michel Villey élabore sa critique à partir de celle du thomisme dans lequel il ne voit qu'une trahison de la pensée de Saint Thomas. Dans sa critique du thomisme, entièrement liée à celle de la pensée juridique, philosophique et scientifique moderne, il ne cesse de scruter (pour la dénoncer), l'histoire de l'opposition entre l'*être* et le *devoir-être*, solidaire de la coupure entre une « raison théorique » et une « raison pratique » – coupure qui mériterait d'être qualifiée, elle aussi, d' « épistémologique ». Cette coupure qui trouve son point d'orgue chez Kant, Michel Villey en décèle les premiers germes chez Averroès, commentateur ou plus exactement, selon Saint Thomas, « dépravateur » d'Aristote, qui avait déjà introduit une séparation trop nette entre Dieu et la Raison (p. 16), ainsi que chez les augustinistes qui, à la différence des averroïstes, avaient minimisé le rôle de la raison par rapport à la foi (p. 90) – tout en maintenant la même séparation entre les deux – ensuite chez les scotistes et les nominalistes (« ces adversaires de saint Thomas ») qui affirment la possibilité d'une *connaissance de l'individuel* (p. 35-36), alors que, dans la tradition d'Aristote, Saint Thomas affirme que

« *si Dieu comprend l'individuel, seuls pour l'être humain sont intelligibles les universels* » (p. 36).

Ainsi la critique de Michel Villey, tant du thomisme que de la pensée juridique et philosophico-scientifique moderne, procède-t-elle de trois dénonciations intimement liées : la distinction de l'*être* et du *devoir-être*, la distinction d'une raison « théorique » et d'une raison « pratique », enfin une appréciation erronée des véritables rapports entre l'individuel et l'universel, entre le particulier et le général. Cette remarque revêt une double portée : elle permet de comprendre d'une part la place privilégiée qu'occupe, dans cette critique, la « doctrine du droit » de Saint Thomas, inséparable de sa doctrine générale, de sa « *doctrine sacrée* » c'est-à-dire de sa théologie, elle permet de comprendre d'autre part pourquoi la critique du thomisme est inséparable, chez Michel Villey, de celle de toute la conception moderne du droit, de la philosophie et de la science.

Sur ce dernier point, la même dénonciation, aussi virulente, de la conception moderne du droit, de la philosophie et de la science, se trouve chez Jean-Louis Gardies dans le Chapitre préliminaire de son ouvrage de 1972, *Essai sur le fondement a priori de la rationalité morale et juridique* (L.G.D.J.), par lequel est dénoncée l'affirmation positiviste selon laquelle la science ne saurait décrire que ce qui est, et donc serait totalement inapte à prescrire ce qui doit être. C'est pourquoi, après avoir rappelé la distinction de l'*analytique* et de la *dialectique* telle qu'on la trouve dans *l'Organon* d'Aristote (Préliminaire), nous aborderons le réquisitoire de Jean-Louis Gardies (I), puis celui de Michel Villey (II).

PRELIMINAIRE : DISTINCTION DE L'*ANALYTIQUE* ET DE LA *DIALECTIQUE* DANS L'*ORGANON* D'ARISTOTE

De L'*Organon* d'Aristote (notre ouvrage, *Droit et épistémologie. L'*Organon *du droit*, L'Harmattan, 2008), Eugène Thionville (*De la théorie des lieux communs dans les Topiques d'Aristote*, thèse, Paris, 1855) a dit qu'il constituait rien de moins qu'une véritable « encyclopédie du raisonnement » (p. 38) et, il est vrai que jusqu'à la fin du XIXe siècle, il est resté l'une des principales sources de la Logique réputée, selon une fameuse formule de Kant, « être sortie tout armée du cerveau d'Aristote ». En effet, des six traités d'Aristote que, dès le IIe siècle avant notre ère, les commentateurs ont regroupés sous le nom d'*Organon*, le premier, les *Catégories*, examine ces éléments simples du raisonnement que sont les termes ou concepts et qu'Aristote réduit aux célèbres dix catégories ; le second, l'*Herménéia*, étudie le jugement, la formation de la proposition à partir des termes ainsi que la division des propositions sous ces quatre formes qui font l'objet du « carré d'Aristote » (*affirmative, négative, universelle, particulière*) - nous sommes déjà au cœur de la logique comme le confirment les premiers éléments de la logique modale qui y trouvent leur place ; le troisième, les *Premiers Analytiques*, donne la théorie générale du syllogisme ou raisonnement ; le quatrième, les *Seconds Analytiques*, donne la théorie du « syllogisme analytique » ou « syllogisme scientifique » (la démonstration) qui porte sur des propositions nécessaires, c'est-à-dire vraies ; le cinquième, les *Topiques*, expose la théorie du « syllogisme dialectique » qui porte sur des propositions probables ou vraisemblables, plus exactement, conformes à l'opinion, « *endoxales* », enfin, le sixième, les *Réfutations sophistiques*, traite du « syllogisme sophistique ou éristique » (celui de la dispute) qui porte sur des propositions qui paraissent probables mais qui sont fausses.

A partir de cette présentation, on peut distinguer dans l'*Organon*, outre une partie introductive consacrée au concept, au jugement et au raisonnement en général (les trois premiers traités), deux autres grandes parties : la première ayant pour objet le « syllogisme analytique ou scientifique » (le quatrième traité ainsi que des éléments tirés des trois premiers) - ce qu'on appelle aujourd'hui la « logique formelle ou déductive » qui apparaît comme l'instrument même des sciences exactes, « sciences de la *raison théorique* », la seconde ayant pour objet le « syllogisme dialectique » (le cinquième traité) ainsi que les moyens permettant d'éviter sa dérive vers le « syllogisme sophistique » (le sixième traité) - seconde partie correspondant à ce qu'on appelle aujourd'hui la « logique non formelle » qui semblerait ne convenir qu'aux sciences humaines considérées comme des « sciences de la *raison pratique* » si toutefois cette réduction ne se heurtait pas à la grande objection selon laquelle il ne saurait y avoir de science que de la raison théorique. C'est ainsi tout le problème de la possibilité d'une « science de la raison pratique » que pose d'abord l'*Organon*.

D'où l'intérêt de revenir à la rhétorique et à la dialectique telles que les conçoit Aristote - ce que nous ferons à la lumière du livre de Pierre Aubenque *Le problème de l'être chez Aristote* (précité). Pierre Aubenque, en effet, a très bien décrit le rhéteur « dont le trait le plus commun est de prétendre à la toute-puissance et, par elle, à l'universalité grâce au merveilleux pouvoir du *logos*… La rhétorique est l'art suprême, celui qui, sans avoir d'objet propre, impose son commandement à tous les autres arts… Si le savant l'emporte sur le rhéteur en tant que savant c'est-à-dire en tant que spécialiste, le rhéteur l'emporte sur le savant en tant qu'homme. Il faut que le savoir se fasse opinion pour être reçu par les hommes ; l'homme de science doit avoir recours au rhéteur s'il veut que sa science devienne science de l'homme et pour l'homme » (p. 262). Or la dialectique partage d'abord avec la rhétorique « le caractère universel de son domaine et de ses prétentions » attesté dès la première phrase des *Topiques* : « Le but de ce traité est de trouver une méthode grâce à laquelle nous pourrons raisonner sur tout problème posé en partant de thèses probables ». D'où les deux premiers caractères de la dialectique : l'universalité de son domaine de compétence et la probabilité de son point de départ.

En ce qui concerne le premier caractère, celui de l'universalité de la dialectique, l'idée maîtresse de l'*Organon* n'est pas, contrairement à une célèbre formule, qu' « il n'y a de science que de l'universel », ce serait plutôt l'idée opposée selon laquelle « il n'y a de science que de la spécialité ». Il s'agit peut-être là, comme l'a souligné H. Maier de « l'antinomie qui domine tout le système aristotélicien » mais qui peut être facilement résolue si l'on précise qu' « il n'y a de l'universel que dans un ordre de spécialité défini ». En effet pour Aristote, c'est la dialectique et non pas la science qui a vocation à l'universalité. Alors que la science porte sur un genre unique et part de principes propres, « le dialecticien se meut dans tous les genres, ou plus exactement au-delà de tout genre » (p. 288) et recherche les « principes communs » aux différentes sciences comme le principe de non-contradiction. La dialectique permet ainsi de remonter aux « principes premiers » de chaque science : « en raison de sa nature investigatrice, dit Aristote, la dialectique nous ouvre la route aux principes de toutes les recherches ». Il s'agit là du caractère euristique de la dialectique, souvent souligné, notamment par Eric Weil remarquant que les *Topiques* rejoignent ce que l'on appellera plus tard une *logica inventionis*.

« Quant au second caractère, il découle du premier : la probabilité de la thèse dialectique (qui s'oppose à la nécessité des prémisses du syllogisme démonstratif) est la contrepartie inévitable de sa généralité... la qualité de notre savoir varie en raison inverse de sa prétention à l'universalité » (p. 257). « Les thèses probables, dit Aristote, sont celles qui correspondent à l'opinion de tous les hommes ou de la plupart d'entre eux ou des sages, et, parmi ces derniers, soit de tous, soit de la plupart, soit enfin des plus notables et des plus reconnus ». Devant les limitations inhérentes à la science, la dialectique offre ainsi un recours à l'opinion, à la tradition ; il s'agit d'un véritable retour au donné instruit de l'expérience des générations successives, c'est-à-dire caractérisé par sa dimension cognitive – ce que Hayek appellera « l'ordre spontané ». La dialectique donc intervient chaque fois que la science, à cause de sa spécialisation, accuse réception de sa propre limitation, le recours à l'opinion, au savoir accumulé spontanément par les générations passées (ce que les éthologues appellent la *tradition cumulative*, ce que Hayek nomme *l'évolution culturelle*) est alors nécessaire pour universaliser le discours c'est-à-dire pour retrouver le discours sur l'homme ou, au moins, humaniser le discours scientifique. Ainsi la dialectique permet de sauver le savoir : « dans sa généralité même, elle permet de sauver le discours quel qu'il soit ; elle autorise celui qui la possède à juger légitimement de toutes choses ; elle a une fonction critique universelle ». La dialectique remet véritablement en cause le discours scientifique, le nie dans ce qu'il a de particulier pour affirmer pleinement l'universalité du discours sur l'homme : elle s'érige en juridiction suprême du discours et devient donc la science première, rectrice et architectonique.

Se trouve donc ici la réponse d'Aristote dans sa recherche de la science de « l'unité des fins humaines », de cette science nommée *sagesse*. Déjà tout le platonisme s'était efforcé, selon Pierre Aubenque, de réconcilier la compétence et l'universalité grâce au « projet restauré d'une science universelle » (p. 277). Il s'agit d'unir la spécialité de la science et l'universalité de la rhétorique dans cette reine des sciences à laquelle Platon donne ou redonne le nom de « dialectique » pour désigner « le faîte et le couronnement des sciences ». Sur ce point, Aristote s'accorde avec Platon pour reconnaître que la véritable science est la dialectique. Cet enseignement est celui que retiendra Saint Thomas, lorsqu'il reprendra la vieille définition de la dialectique : « l'art de tous les arts, *ars artium* ».

Après avoir rappelé la distinction de l'*analytique* et de la *dialectique* chez Aristote, nous pouvons en venir aux réquisitoires annoncés, et d'abord à celui de Jean-Louis Gardies.

I. LE REQUISITOIRE DE JEAN-LOUIS GARDIES

Le réquisitoire de Jean-Louis Gardies est certes porteur d'une espérance (A), mais il aboutit à une grave déception (B).

A - L'ESPERANCE

Comme chez Michel Villey, le point de départ de la critique de Jean-Louis Gardies est la distinction entre l'*être* et le *devoir-être*, le monde des réalités et le monde des valeurs, « l'ordre ontique » et « l'ordre déontique ». Gardies rappelle que cette distinction a commandé la plus grande partie de la pensée occidentale tant scientifique que philosophique. C'est elle qui a permis la naissance et l'essor des sciences de la nature et, en la proclamant, Hume lui donne le sceau de l'approbation philosophique. C'est en effet Hume qui, le premier, a dénoncé le plus fortement la déduction du devoir-être à partir de l'être, le passage de l'être au devoir-être qui, dans les systèmes de morale, s'opère subrepticement : « ce changement est imperceptible » écrit Hume – ce qui rend d'autant plus nécessaire sa dénonciation (J.-L. Gardies, *op. cit.*, p. 15). Celle-ci est reprise, plus récemment avec force, par Kelsen (dans son article « Justice et droit naturel » de 1959) qui écrit : « d'un être on ne peut déduire un devoir-être, d'un fait une norme : aucun devoir ne saurait être immanent à l'être, aucune norme à un fait, aucune valeur à la réalité empirique. C'est seulement en appliquant de l'extérieur un devoir à l'être, des normes à des faits, qu'on peut les juger conformes ou non à la norme, c'est-à-dire mauvais, injustes. S'imaginer découvrir ou reconnaître des normes dans les faits, des valeurs dans la réalité, c'est être victime d'une illusion... La réalité et la valeur appartiennent à deux domaines distincts » – formule à la fois rigoureuse mais aussi naïve, ainsi que le souligne Jean-Louis Gardies, dans la mesure où Kelsen part d'une notion de l'être qui se définit précisément par l'exclusion des normes (p. 18). Ce courant aboutit ainsi au rejet du normatif dans l'irrationnel, il débouche sur la négation de la possibilité d'un « ordre normatif rationnel ». C'est en effet la négation de l'ordre déontique qui est la condition d'une affirmation totale de l'ordre ontique. « La conception de la nature à laquelle est parvenu l'Occident, écrit Gardies, repose sur la séparation radicale de l'ordre ontique et de l'ordre déontique, le premier se définissant justement par l'évacuation du second » (p. 26). Or c'est Max Weber qui a porté à sa perfection la distinction des deux ordres, conformément à « la tradition intellectuelle de l'Occident », considérant ces deux ordres comme « absolument hétérogènes », ajoutant « que l'on porte préjudice à la dignité de l'une et l'autre de ces deux sphères si l'on méconnaît leur distinction et si on cherche à les confondre ». Mais, loin de s'en tenir à un tel « positivisme naïf », Weber « reconnaît à l'analyse scientifique trois prises sur l'ordre normatif » : déterminer la rationalité des moyens, déterminer la rationalité des fins elles-mêmes et vérifier la non-contradiction des idéaux. Ainsi Weber reconnaît à « l'ordre du devoir-être de larges possibilités de développement logique ». Malgré tout Weber reste victime d'une « illusion d'optique imputable… aux attitudes intellectuelles fondamentales de l'Occident » – attitudes qui résident toutes dans la négation d'un « ordre rationnel normatif » (p. 26-27).

Cependant Gardies a rappelé auparavant que cette tradition intellectuelle de l'Occident s'est formée à l'encontre de la pensée grecque originaire qui n'a jamais séparé l'être du devoir-être, la nature de la morale, le savoir de la sagesse. Cette tradition a méconnu ou oublié la notion grecque de *nature* telle qu'on la trouve notamment chez Aristote. Pour ce dernier en effet « si chaque être particulier a une nature, celle-ci est au moins autant constituée par ce qu'il doit être que par ce qu'il est… par ce qu'il est *en puissance* que par ce qu'il est *en acte* ». Cette conception « sera reprise et christianisée par Saint-Thomas, pour qui l'ordre normatif est inhérent à la nature … la nature est le lieu même de la convergence de l'être et du bien : *ens et bonum convertuntur* » (p. 20-21). Il faut donc effectuer un retour à la conception grecque, notamment aristotélicienne de *nature*, pour rendre possible une science du devoir-être, pour affirmer l'existence d'un

« ordre normatif rationnel ». Mais alors en quoi consiste cette science du devoir-être et cet « ordre normatif rationnel », comment peut-on y avoir accès ? C'est là où la réponse de Jean-Louis Gardies apporte une grave déception.

B - LA DECEPTION

Pour mesurer la gravité de notre déception, il suffit de se référer aux deux grandes parties de l'ouvrage de Jean-Louis Gardies, la première traitant de *l'a priori phénoménologique* (« Esquisse d'une déontologie concrète »), et la seconde de *l'a priori logique* (« Principes d'une algèbre déontique »). Cette seconde partie traite donc de la « logique des normes » dont nous verrons, dans le Chapitre III, qu'elle n'est pas pertinente pour la connaissance de la pratique en général, du droit en particulier. Reste donc la première partie de l'ouvrage traitant de *l'a priori phénoménologique* et dont on pouvait espérer qu'elle apporte une importante contribution à la connaissance du *prattein*, de la « raison pratique ». Or il s'avère que les pages très denses et très savantes que Gardies, à la suite d'Adolph Reinach et de Gerhart Husserl, consacre à la phénoménologie du droit, à partir de l'analyse de la *promesse* et de la *cession de créance*, témoignent d'un brillant exercice, en revanche elles aboutissent à des résultats qui restent, pour le juriste, extrêmement pauvres – comme le déplorait déjà Michel Villey dans la Préface de l'ouvrage. Gardies traite d'ailleurs de ces questions sur le modèle des mathématiques, comparant cet « *a priori phénoménologique* » qu'est « *l'a priori juridique* » à « *l'a priori géométrique* » et allant jusqu'à concevoir un droit purement phénoménologique, un « *droit a priori* », pour l'appeler « *droit de Reinach* », comme on parle de géométrie d'Euclide. L'ouvrage n'est donc pas l'exploration du rôle de la raison pratique dans le domaine du droit, mais un raffinement de l'exploration du rôle de la raison théorique dans ce domaine. Ainsi Gardies tombe-t-il exactement sous la même critique (d'ailleurs teintée d'hommage) qu'il fait à Max Weber d'avoir porté au plus haut point la séparation de « l'ordre ontique » et de « l'ordre déontique », Gardies reconnaissant, lui aussi, à la raison théorique une « prise » sur le domaine de la pratique, celle de la logique des normes (objet de la seconde partie), ne se rendant pas compte que dans sa première partie, il a montré, à son corps défendant, que la phénoménologie du droit n'avait pas davantage « prise » sur le domaine de la pratique !

A la différence du réquisitoire de Jean-Louis Gardies, celui de Michel Villey apparaît comme étant sans faille, difficilement attaquable.

II. LE REQUISITOIRE DE MICHEL VILLEY

Après avoir illustré, au préalable, la place stratégique du droit dans la critique des sciences humaines et dans l'épistémologie – place que lui confère sa double qualité de « science sœur » tant de la théologie que de l'épistémologie (Préliminaire), nous commencerons par la critique générale effectuée par Michel Villey (A) avant d'aborder les deux périodes que l'on peut distinguer dans son réquisitoire : avant le XIXe siècle (B) et depuis le XIXe siècle (C).

PRELIMINAIRE : LE DROIT, « SCIENCE SŒUR » DE LA THEOLOGIE ET DE L'EPISTEMOLOGIE

Si le droit apparaît, selon l'expression d'Erik Peterson, comme « la science sœur » de la théologie (1-), il résulte de l'*Organon* d'Aristote qu'il est également la « science sœur » de l'épistémologie (2-).

1- La « science sœur » de la théologie

Carl Schmitt nous apprend que c'est dans sa conférence *Qu'est-ce que la théologie ?* qu'en 1925, avant qu'il ne se convertisse au catholicisme, Peterson – encore professeur à la faculté de théologie protestante de l'université de Bonn – y proclamait une théologie du dogme absolu : « C'est seulement par le dogme que la théologie se détache de ses liens avec les plus douteuses des sciences, celles qu'on appelle sciences humaines (*Geistewissenschaften*), qu'elle se libère de cet environnement fait d'histoire universelle, d'histoire littéraire, d'histoire de l'art, de philosophie de la vie et de toutes affaires du même genre » (C. Schmitt, *Théologie politique*, trad. franç. J.-L. Schlegel, Gallimard, 1988, p. 91).

Par la suite, Schmitt peut résumer la conférence de Peterson en trois propositions qui visent à faire l'apologie du droit comme « science sœur » de la théologie et à réitérer son rejet des sciences humaines :

1) La théologie reste une science tant qu'un autre concept de science ne l'a pas liquidée comme anachronisme ou névrose ;
2) La science qui se rapproche le plus de la théologie ne peut être la politique, la

sociologie, et, de façon plus générale, « les plus problématiques des sciences humaines » ;

3) La science la plus proche de la théologie ne peut être que le droit, et d'abord le droit le plus imprégné de théologie, le droit canonique, le droit « tel qu'il s'est développé au Moyen-Age chrétien, passant d'une simple casuistique à une science systématique » (p. 159).

A cet égard Schmitt rappelle le rôle que Max Weber avait reconnu au droit canonique dans le processus de rationalisation du droit, car c'est lui qui a créé « comme nul autre droit sacré *une jurisprudence rationnelle* – même le droit romain n'en a pas connu de semblable ». Cela, grâce « au contrôle des autorités centrales de la Curie, et c'est seulement à travers leurs dispositions extrêmement souples que s'opérait le perfectionnement des normes éthiques et sociales contraignantes... Et ce fut assurément à la suite du caractère d'institution rationnelle de l'Eglise catholique, qui ne se trouve nulle part ailleurs » (C. Schmitt, *op. cit.*, p. 159-160).

Ajoutons que la présence du théologien derrière tout canoniste, et peut-être même derrière tout juriste, est confirmée par l'œuvre majeure du droit canonique, la *Concordia discordantium canonum* de Gratien dont le projet (ramener à l'unité la pluralité des canons discordants) et le titre même, révèlent le caractère philosophique et théologique du droit canonique s'il est vrai, comme le rappelle Jean Wahl (*Le malheur de la conscience dans la philosophie de Hegel*, 1929), que « ce problème de l'accord du discordant, pour reprendre les termes d'Héraclite, de la transformation du malheur en bonheur, c'est lui qui est la source commune de la Philosophie de l'Histoire, de la Philosophie de la Religion, de l'Esthétique, de la Logique » (p. 12).

Aussi n'est-il pas étonnant que le droit puisse être également la « science sœur » de l'épistémologie.

2- La « science sœur » de l'épistémologie

Les premiers commentateurs d'Aristote ont été bien avisés de choisir le nom d'*Organon* puisqu'il s'agit de « l'outil » de la connaissance, de la « méthode » de la science, autrement dit de la « connaissance de la connaissance », de la « science de la science » – expression qui fut la première définition de la *logique*, avant de devenir, à la fin du XIXe siècle, celle de l'*épistémologie*.

L'épistémologie du droit, la « connaissance de la connaissance juridique » rencontre d'emblée son problème central, celui de savoir si le droit, domaine par excellence de la pratique (du *prattein*), fait l'objet d'une « *science de la pratique* » (de la « *raison pratique* ») ou d'une « *science de la théorie* » (de la « *raison théorique* »). Il se trouve qu'en prenant pour objet le droit, l'épistémologie ne fait pas irruption dans un domaine qui lui est totalement étranger dans la mesure où elle s'est toujours posé des questions « *de droit* » au sens le plus général du terme. En effet déjà dans l'*Organon* qui est le premier grand traité d'épistémologie, Aristote traite de la seule *forme* de la connaissance comme condition indispensable de son *contenu* : il fait passer les questions *de droit* avant les questions *de fait*. L'épistémologie du droit apparaît ainsi comme la *connaissance de droit de la connaissance juridique* – ce qui montre que le droit est la plus épistémologique des disciplines, comme l'épistémologie en est la plus juridique.

Dans le Préliminaire consacré à une « *justification de l'épistémologie négative* », nous avancions que si l'épistémologie est la discipline de l'échec, elle est plus la discipline des sciences humaines que celle des sciences exactes, plus la discipline des sciences de la raison pratique que celle des sciences de la raison théorique. Or, si le droit est bien la première des sciences de la raison pratique (ainsi que le confirment, pour qualifier le droit romain, les expressions de « raison écrite », de « géométrie euclidienne » du droit), le meilleur épistémologue n'est-il pas le spécialiste de l'échec du droit, le spécialiste de l'échec dans le droit, celui qui ne s'intéresse qu'à ces périodes critiques que traverse le droit, à ces « heures de crise » dont parlait Fechner ?

Cette fonction ouvertement critique de l'épistémologie, déjà irremplaçable dans le domaine des sciences de la raison théorique, devient tout à fait indispensable avec les sciences de la raison pratique, et encore plus avec la science juridique qui est au centre de celles-ci. Car le juriste, à l'instar de tout spécialiste de la science, est contraint de se dédoubler, de se faire continuellement épistémologue, mais il doit le faire à un double titre, en tant que spécialiste de « l'échec de la science » d'une part, mais aussi et surtout en tant que spécialiste de « l'échec du droit » dans la mesure où le postulat normatif du juriste est de toujours refuser l'injustice et le désordre (notre *op. cit. Droit et épistémologie*...).

Après avoir rappelé la place du droit dans la critique des sciences humaines et de l'épistémologie, nous pouvons en venir aux trois points annoncés, en commençant par le premier, la « critique générale ».

A - CRITIQUE GENERALE

C'est à partir de sa critique du thomisme (1-) que Michel Villey a élaboré sa critique de toute la pensée juridique, philosophique et scientifique (2-).

1- Critique du thomisme

Centrée sur l'épistémologie et sur la dette de Saint Thomas envers Aristote, la thèse soutenue par Michel Villey est fort simple : la *Somme théologique* relève, selon la célèbre distinction introduite par Aristote, de la *dialectique*, c'est-à-dire (pour simplifier) de la logique non formelle, de la raison pratique, et non pas de l'*analytique*, c'est-à-dire de la logique formelle ou déductive, de la raison théorique. Or le thomisme, tout comme la pensée juridique, scientifique et philosophique « moderne », se caractérisent par leur référence commune à la seule analytique et par leur rejet catégorique et corrélatif de la dialectique. C'est pourquoi, dans le livre de Michel Villey, l'apologie de Saint Thomas s'accompagne toujours d'une critique assez virulente du thomisme et de la pensée tant juridique que politique, philosophique et scientifique « moderne ».

Rappelons tout d'abord, avec Jean-Pierre Torrell (*La Somme de Saint Thomas*, Cerf, 1998, p. 32), que Saint Thomas composa la *Somme théologique* de 1266 à 1274, année au début de laquelle sa mort brutale, à quarante-neuf ans, sur la route qui devait le conduire au Concile de Lyon, vint en interrompre définitivement la rédaction qu'il avait déjà ajournée, à la fin de l'année précédente, par cette confession :

> « *Je ne peux plus. Tout ce que j'ai écrit me semble de la paille à côté de ce que j'ai vu* »,

faisant suite à l'extase au cours de laquelle il entendit le Christ lui dire :

> « *Tu as bien écrit de moi, Thomas, que veux-tu en récompense* ? » (– « *Vous seul Seigneur* »).

Cependant, malgré la canonisation de Thomas en 1323 (en Avignon par le Pape Jean XXII), cette œuvre ne fut vraiment acceptée puis reconnue par l'Eglise qu'un ou deux siècles plus tard. Si bien que ce n'est que peu de temps avant la découverte de l'imprimerie que la *Somme* fut connue du monde savant et que, donc, elle n'y fut guère reçue avant la Renaissance.

A Michel Villey, nous devons une magistrale histoire de cette réception, de la Renaissance à nos jours - réception marquée, selon l'éminent auteur, par une lecture, dès l'origine et jusqu'à aujourd'hui, faussée de l'œuvre, par une incompréhension profonde de son véritable sens, et donc par ce qui n'est ni plus ni moins une trahison de Saint Thomas. Tout en professant pour Saint Thomas une admiration qui confine à la vénération, Michel Villey ne cesse de dénoncer le « thomisme » qui ne désigne rien d'autre que cette « réception » de Saint Thomas tant par l'Eglise que par le monde savant. Ainsi n'hésite-t-il pas à faire de Saint Thomas le contraire d'un thomiste.

2- Critique de la pensée juridique, philosophique et scientifique

A partir du thomisme, c'est donc toute la pensée juridique, philosophique et scientifique qui fait l'objet du réquisitoire de Michel Villey. Aussi n'est-il pas étonnant de voir l'éminent auteur s'en prendre, tour à tour, à l'augustinisme, à Averroès et à l'averroïsme, au franciscanisme, au nominalisme (tant scotiste qu'occamien), au thomisme donc et d'abord à celui de la seconde scolastique (Vitoria, Suarez et Molina), ensuite au cartésianisme, mais aussi à « l'hobbésianisme », à Filmer, à Selden, au benthamisme, à Locke et à Hume, donc aux « idées anglaises », au spinozisme (même Leibniz, le grand Bossuet et le célèbre Domat sont rabroués), à l'Ecole du droit de la nature et des gens, aux Lumières et au kantisme, à l'hégélianisme (auquel il aurait pu – et même du – ajouter le fichtéisme), au pandectisme, à l'Ecole de l'exégèse, au positivisme (juridique ou non), au jusnaturalisme, à l'Ecole du droit libre, à l'Ecole compréhensive allemande, et surtout au kelsénisme, mais aussi au « réalisme » juridique (au choix, américain ou scandinave), en y ajoutant les « modernes », à savoir Hart, Bobbio, Luhmann, Dworkin et Rawls. Même Perelman et l'Ecole de Bruxelles dont Villey avait pourtant loué les travaux, sont désormais incriminés, ainsi que l'Ecole adverse, celle des logiciens déontiques et le plus éminent d'entre eux, Kalinowski, non seulement ami de Villey, mais également grand thomiste qui, à la fin des années quarante, reprochait même à Karol Wojtyla de trop délaisser Saint Thomas au profit de la phénoménologie ! A cet égard deux grands et célèbres thomistes sont contestés : rien de moins que Gilson et Maritain ! Donc, d'une façon générale, Michel Villey s'en prend à ce que Hayek appelle le « constructivisme » tant étatique (de Bodin à Kelsen) que consensualiste (avec Hart, Dworkin et Rawls) - auxquels il n'hésite pas à joindre les maîtres-penseurs modernes : Marx, Freud et Sartre. C'est donc non seulement tout le développement de la pensée juridique et politique jusqu'à nos jours, mais également celui de la pensée philosophique et scientifique, que Michel Villey a, au fil du rasoir de Saint Thomas (auprès duquel celui d'Occam est de la roupie de sansonnet), le courage de mettre en accusation pour ne lui accorder, en aucun cas, l'acquittement, le non-lieu, et encore moins la relaxe au bénéfice du doute. Car, dans le grand procès intenté à ce courant de pensée, il est vrai que Michel Villey est non seulement le plaignant et le rapporteur, mais aussi le procureur et le juge.

On peut donc en venir aux deux périodes que nous avons distinguées, en commençant par la première, avant le XIXe siècle.

B - AVANT LE XIXe SIECLE

Nous suivrons Michel Villey avant le XVIe siècle (1-), pendant le XVIe siècle (2-), puis aux XVIIe et XVIIIe siècle (3-).

1- Avant le XVIe siècle

Il faut reconnaître que Michel Villey commence ici sa critique surtout à partir du XVIe siècle avec la Seconde Scolastique, cependant la période antérieure elle-même n'est pas épargnée. Tout d'abord avec Averroès pour avoir minimisé le rôle de la foi par rapport à la raison, même si le tableau de Gozzoli (1480) représentant Saint Thomas, entre Aristote et Platon, foulant des pieds Averroès, est, sur ce point, fortement exagéré. Ensuite avec les auteurs de la toute première dénonciation de la doctrine de Saint Thomas, à savoir ses adversaires scotistes, occamistes, franciscains et, de façon générale, nominalistes – auxquels ne manquent pas de venir se joindre les « augustinistes du Moyen-Age ». Ce courant, en effet, a réussi l'exploit d'être « moderne » avant la lettre en proclamant déjà la victoire de l'individualisme et, dans le domaine juridique, en anticipant la distinction, lourde de conséquences, entre le *droit* et la *loi*, à savoir la seule reconnaissance de la *loi* comme commandement du pouvoir et la méconnaissance corrélative du *droit* comme création spontanée de la société. Aussi n'est-il pas étonnant que Saint Thomas et Aristote soient leurs cibles privilégiées. C'est pourquoi Umberto Eco a pu imaginer le dialogue suivant des Augustinistes au sujet de la *Métaphysique* d'Aristote :

> « - *Pourquoi donc ce livre t'inspirait-il autant d'épouvante ?*
>
> « - *Parce qu'il était du Philosophe. Chacun des livres de cet homme a détruit une partie de la science* » (cité par M. Villey, p. 88).

Cependant la véritable réception de saint Thomas, par les adeptes de sa doctrine, autrement dit, la « naissance du thomisme » n'aura lieu, comme le rappelle Jean-Pierre Torrell (*op. cit.*, p. 128), qu'au début du XVe siècle, dans la lutte contre scotisme et occamisme, avec l'ouvrage de Capreolus de 1432, *Défense de la théologie de saint Thomas*. Mais cette réception ne sera véritablement consacrée qu'au siècle suivant par l'explication qu'en donnera Cajetan, maître de l'ordre de Saint Dominique, par son commentaire publié de 1507 à 1522, et dont le Pape Pie V ordonnera la publication avec celle de la *Somme* - d'où le nom de *Piana* qui fut donné à cette édition complète (1570).

2- Le XVIe siècle

Toutefois la réception sinon la plus célèbre, du moins – selon Villey – la plus contestable de la doctrine de Saint Thomas, se trouve dans l'Ecole espagnole de la Renaissance, la « Seconde scolastique » marquée notamment par Vitoria, Suarez et Molina, et, de façon peut-être déterminante par « les éditeurs de Salamanque ». Ces derniers en effet ont « escamoté » les *objections* si importantes chez saint Thomas (M. Villey, *op. cit.*, p. 61), ils ne gardent que le « *corps* de l'article », « dénommé dans nos traductions françaises la *réponse* (mais ce n'est que le début de la réponse) ou la *conclusion* » alors que tout ce qui l'entoure est aussi important sinon plus (p. 65) – une telle façon de faire ne pouvant qu'engendrer « l'orgueil dogmatique », le « cléricalisme » si souvent associés à l'enseignement thomiste de l'Eglise (p. 91). Mais, sur cette Ecole, il faut citer *in extenso* un passage clé de Michel Villey parce qu'il en éclaire l'orientation profonde qui aura une influence déterminante non seulement sur « l'Ecole du droit naturel », mais également sur le devenir du « thomisme ». « On a coutume de glorifier les scolastiques espagnols - Vitoria, Suarez, Molina – d'une première renaissance de la doctrine de saint Thomas. En réalité ces auteurs, qui s'abritent sous son patronage, la mêlèrent aux philosophies de Duns Scot et Guillaume d'Occam, depuis deux siècles prédominantes dans les Facultés de théologie. Comme le Scotisme et l'Occamisme naquirent au lendemain de la condamnation, portée à Paris et Oxford contre la *Somme théologique*, elles en avaient pris le contre-pied. En était sortie une espèce de positivisme juridique dont la Scolastique espagnole parvint mal à se dégager, et qui – dût la chose surprendre – engendra le jusnaturalisme » (p. 170-171). Cependant, à la suite de cette remarquable mise au point, Michel Villey se livre à une critique de Vitoria et de sa conception du *jus gentium* qui ne nous semble pas fondée. Il poursuit en effet : « Vitoria fait du *jus gentium* un droit positif reposant sur le consentement universel de tous les peuples civilisés ou d'un groupe de nations chrétiennes… alors qu'on y a vu en toutes lettres (dans la *Somme*) saint Thomas rejeter le mythe du consentement universel ou que la loi ou la convention pussent être la source du droit des gens. Non ! le *jus gentium* était la connaissance du droit naturel » (p. 171). Nous avons en effet (*Pour une sémiotique du droit international*, L'Harmattan, 2007) rappelé de Vitoria une conception tout à fait opposée du *jus gentium* que l'on trouve dans la première de ses *Relectiones theologicae*, celle qui porte sur *Le pouvoir politique* (le *De potestae civili* de 1528) et qui, au contraire, semble s'accorder parfaitement avec Saint Thomas : « Le droit des gens ne tire pas uniquement sa valeur obligatoire d'un pacte conclu entre les hommes, mais il a en outre la force d'une loi. L'univers entier qui est en quelque manière une seule communauté politique, possède le pouvoir de porter des lois équitables, s'appliquant à tous, comme sont les règles du droit des gens. Celui-ci en effet a été imposé par l'autorité de l'univers entier ». En revanche la critique que fait Michel Villey de la Seconde Scolastique s'applique parfaitement à Suarez qui est particulièrement représentatif de cette trahison de Saint Thomas lorsqu'il identifie le droit à la loi, le *jus* à la *lex* – vieille confusion déjà opérée par les augustinistes du Moyen-Age et dont le processus culmine dans son œuvre (*ibid.*). Cette confusion s'applique parfaitement à sa conception du *jus gentium* puisque, pour lui, à la différence du droit naturel, le droit des gens est créé par les hommes, il procède de la volonté humaine. En outre Michel Villey rappelle que Suarez va jusqu'à invoquer cette étymologie fantaisiste de *jus* qui ferait dériver ce mot de *jussum* c'est-à-dire de l'idée de commandement, cela afin de soumettre le droit aux impératifs du pouvoir, ce qui marque l'acte de naissance du positivisme juridique (p. 120) - aujourd'hui encore ne donne-t-on pas parfois aux étudiants cette définition du droit : *jus est quod jussum est* ? Ainsi Vitoria ne nous semble pas être aussi représentatif que Suarez des errements et des raccourcis de la Seconde Scolastique. D'ailleurs, par référence à notre ouvrage *De Montesquieu le moderne à Rousseau l'ancien*, nous avons pu opposer « Vitoria l'ancien » à « Suarez le moderne » (notre ouvrage *Droit et philosophie*, L'Harmattan, 2009).

3- Les XVIIe et XVIIIe siècles

Mais, au début du XVIIe siècle, le modèle mathématique, notamment l'algèbre développée par Viète et Descartes, devait donner le coup de grâce à une vraie lecture de Saint-Thomas, reléguant celle-ci dans les limbes de la Scolastique pour lui préférer une approche à prétention strictement scientifique. Michel Villey souligne alors que les rationalistes de cette époque moderne « s'engouent d'Euclide : ils substituent des systèmes construits *géométriquement* (*more geometrico*) au genre médiéval de la *quaestio* » (p. 43). Aussi n'est-il pas du tout étonnant qu'après l'Ecole de Salamanque, et indépendamment d'elle, la seconde cible privilégiée de Michel Villey soit Hobbes et son système. S'opposant à la notion d'« ordre cosmique universel », de *nomos* si bien illustrée par la pensée grecque, Hobbes effectue un retour au nominalisme pour considérer « un monde fait de substances singulières, d'une poussière d'atomes ou d'individus » auquel il donne le nom d'*état de nature* (p. 96). Seul maître à bord de cet « état de nature », l'Homme devient « l'auteur de l'ordre juridique ; il le constitue librement. Suit le mythe du *Contrat social*, le droit livré à l'arbitraire de l'Etat moderne, le *positivisme juridique* » (p. 109). A cet égard Hobbes doit être considéré non seulement comme l'initiateur du positivisme juridique mais également et paradoxalement comme un parfait défenseur du *jusnaturalisme*. En effet toute sa construction admet comme point de départ la « nature de l'homme » à partir de laquelle tout sera agencé déductivement et, notamment, le Pouvoir placé au fondement du droit. Ainsi *juspositivisme* et *jusnaturalisme* trahissent-ils « la même hantise de fonder le droit axiomatiquement » (p. 155). Sous un aspect plus consensualiste et plus « libéral », Locke ne procède pas différemment lorsqu'il fonde « ses droits de l'homme (de propriété, de liberté, de résistance à l'oppression) sur la première loi de la Genèse » (p. 109). Bien sûr, dans le style du *more geometrico*, il ne faut pas oublier que, pressentant peut-être le discrédit futur de la métaphysique, Spinoza « le Moderne » (lui-aussi) a intitulé *Ethique* son livre qui porte sur la métaphysique, sur « Dieu ou la Nature ».

Cependant c'est l'Ecole du droit de la nature et des gens qui, au cours des XVIIe et XVIIIe siècles, illustre le mieux l'obsession de « fonder axiomatiquement le droit ». Tout d'abord il n'est pas étonnant que la dette de cette Ecole envers celle de la Renaissance espagnole ait pu, depuis longtemps, être clairement établie. C'est le cas notamment de Grotius qui était nourri de Vitoria à qui il fait des emprunts allant jusqu'à la simple transposition. C'est le cas également du « théologien » Pufendorf (p. 93). Mais, alors que Grotius effectue sa déduction logique à partir du principe de la « sociabilité humaine » qui nous investit « de devoirs moraux ou de certains droits », Pufendorf effectue la sienne à partir du principe que nous sommes des « êtres moraux » (p. 155-156) - remarquons que la différence entre Grotius et Pufendorf se retrouve deux siècles plus tard, sous une forme évidemment plus alambiquée, avec la différence entre Hart qui construit son système sur le principe de « la conduite *sociale* désirable » et Dworkin et Rawls qui construisent le leur sur le principe de « la conduite *morale* désirable » (en ce sens, notre *op. cit.*, *Droit et philosophie*). La grande affirmation de cette Ecole est, en effet, que le droit peut être déduit de la morale, logiquement. Comme le rappelle Cassirer, Grotius veut effectuer, dans le domaine du droit, la même révolution que Galilée en physique : « il est rempli pour Galilée de la plus profonde admiration, il l'appelle le plus grand génie du siècle » (E. Cassirer, *La philosophie des Lumières*). Le système logique du droit part de ces axiomes qui proviennent de la morale et, plus précisément, de ces trois règles morales empruntées aux Stoïciens et que Grotius « avait pu trouver dans le *De officiis* de Cicéron au sujet des devoirs de sociabilité » : 1) s'abstenir religieusement du bien d'autrui ; 2) tenir sa parole ; 3) réparer le dommage causé par sa faute. Ces trois maximes dans lesquelles se résume le droit sont « la source lointaine des trois articles dont on a dit qu'ils constituaient les colonnes de notre Code civil : article 544 sur le droit de propriété, 1134 sur le contrat, et 1382 sur la responsabilité » (p. 155 complété par le *Cours de philosophie du droit*). Il faudrait ajouter deux éminents représentants de cette Ecole que Michel Villey ne cite pas ici : Leibniz et Wolff. Tout d'abord Leibniz dont toute l'œuvre juridique a eu précisément pour but de fonder logiquement le droit, par référence aux auteurs du *Digeste* qu'il compare sans cesse aux géomètres, à Euclide, Archimède ou Apollonius, et que Michel Villey égratigne pour avoir voulu donner des mots « une seule définition » (p. 129) (alors que pour Aristote et Saint Thomas le sens des mots est « pluriel ») - cependant, le cas de Leibniz est plus compliqué dans la mesure où il ne s'est pas intéressé à la seule « logique de la théorie », mais aussi, dans la tradition de la dialectique d'Aristote, à la « logique de la pratique ». Ensuite Wolff qui a voulu déduire logiquement tout le droit des « droits naturels et innés » de l'homme (« j'ai trouvé la source de tout droit dans la nature de l'homme » écrit-il) - le silence de Michel Villey sur Wolff est ici d'autant plus étonnant qu'avec lui nous avons à la fois le point de départ et la forme achevée de la « logique déductive des droits de l'homme ».

Parallèlement les grands auteurs et juristes français des XVIIe et XVIIIe siècles ne sont pas épargnés non plus. Tout d'abord les éditeurs français de la *Somme théologique* ne font que suivre ceux de Salamanque, répétant les mêmes erreurs pour présenter une œuvre tronquée de sa substantifique moelle (la dialectique) et réduite à la présentation orgueilleuse de toute une série de dogmes qui viendront alimenter le « thomisme ». C'est le cas en particulier de Bossuet qui, répétant la même erreur que Suarez, a voulu donner une *Politique tirée des propres paroles de l'Ecriture sainte* (composée pour l'éducation du Grand Dauphin), tout comme celui des Anglais Filmer et Selden (Chap. 6, p. 93-111). C'est le cas également de Domat qui a voulu déduire tout le droit des principes évangéliques (p. 94), et notamment de ces « principes naturels et immuables de l'équité, comme sont, par exemple, ces vérités générales : qu'il ne faut faire de tort à personne ; qu'il faut rendre à chacun ce qui lui appartient ; qu'il faut être sincère dans les conventions et fidèle en toutes sortes d'engagements » ainsi que l'écrit Domat lui-même dans la *Préface* des *Lois civiles dans leur ordre naturel*. Comme le souligne Villey, Domat « traite d'un droit romain transposé dans un *ordre* dit *naturel* qui procède surtout de la Logique cartésienne ou de Port-Royal. On baptise alors le Droit romain la *Raison écrite* » - Villey dénonçant au passage le malentendu sur cette expression qui, au Moyen-Age, désignait « l'*argument* emprunté au *droit écrit*, par opposition aux coutumes » (M. Villey, *Questions de Saint Thomas...*, p. 158). A Domat, Michel Villey aurait pu ajouter le Chancelier Daguesseau pour qui tout le droit peut se déduire des deux vieilles règles morales remontant aux Romains : 1) Ne pas faire à autrui ce qu'on ne voudrait pas qu'il nous fît ; 2) Faire à autrui ce que l'on voudrait qu'il nous fît. Les « Lumières » qui suivent ne s'opposent qu'en apparence à leurs prédécesseurs thomistes : ils ne font que substituer la Raison à la Foi. Comme l'écrit Michel Villey : « La Raison humaine, non contente de s'être affranchie du contrôle de la Foi chrétienne, en usurpera les privilèges, cette autorité absolue que saint Thomas réservait au dogme. Age des systèmes *scientifiques*. Rien de plus opposé à la modestie des recherches de Saint Thomas » (p. 109). Un peu plus loin, Villey ajoute que l'art du *dialogue* est révolu « depuis le glorieux avènement des Lumières, et le positivisme qui s'est ensuivi » (p. 139). Notons que Michel Villey illustre ici parfaitement la thèse - rendue célèbre par Henri Gouhier - du « pré-positivisme du XVIIIe siècle ». Ainsi, de même que, pour caractériser l'esprit de la Réforme, nous avions pu parler d' « augustinisme politique inversé », ne pourrait-on taxer le pré-positivisme du XVIIIe siècle, au même titre que le positivisme du XIXe siècle ou encore le néo-positivisme du XXe siècle de « thomisme inversé » ?

Après cette première période, objet de la critique de Michel Villey, nous pouvons envisager la seconde même si elle est en parfaite continuité avec la précédente.

C - DEPUIS LE XIXe SIECLE

La critique de Michel Villey concerne le XIXe siècle (1-), mais aussi et surtout le XXe siècle (2-).

1- Le XIXe siècle

La même orientation trouve sa grande consécration dans la Révolution française et, tout d'abord, dans la *Déclaration des droits de l'homme et du citoyen* de 1789, prémisses de tous les systèmes constitutionnels des démocraties (p. 155), puis, bien sûr, dans le *Code Napoléon* en qui on a pu voir, à juste titre, « une œuvre du XVIIIe siècle », l'œuvre à la fois conclusive de toute une histoire de la pensée juridique, et véritable « Table de la Loi » du monde moderne. Cette orientation est encore celle du *Pandectisme* allemand dans lequel « le droit positif prend alors la forme de système hérité du jusnaturalisme » érigeant le droit en une « dogmatique », parfaite expression de son *dogmatisme* (ibid.) - d'ailleurs le *Pandectisme* ne donne-t-il pas la meilleure illustration de la parenté cachée ou inavouée entre juspositivisme et jusnaturalisme ? A cet égard, dans le sillage du Code Napoléon, Michel Villey ne manque pas de fustiger l'Ecole de l'exégèse, à travers Beudant (« le droit c'est le Code ») et tous les autres « maniaques du *Code* » et autres « sectateurs du *formalisme* » et détracteurs de « l'équité des Parlements » (p. 58) qui, avec leur « culte du texte de loi », se comportent vis-à-vis du Code comme les théologiens vis-à-vis de l'Ecriture sainte - en outre la parenté entre l'Ecole de l'exégèse et le Pandectisme est suffisamment attestée par le célèbre *Cours de droit civil français* d'Aubry et Rau (1839) « *traduit de l'allemand, de M. C. S. Zachariae* ».

2- Le XXe siècle

Mais, le « parti contraire », celui qui « exalte la *jurisprudence* » ne procède pas de façon moins dogmatique, et Villey de dénoncer à cet égard « l'école *du droit libre*, Perelman, et les réalistes américains ou scandinaves, et tant d'autres, et ces ouvrages intitulés : *le rôle créateur de la jurisprudence*, *le pouvoir normatif du juge*, etc. » - parti qui a pris de plus en plus d'importance depuis le début du XXe siècle (p. 58). Sur ce point Michel Villey aurait pu citer Carré de Malberg pour montrer la parenté entre partisans du Code et partisans de la jurisprudence puisque ces deux vecteurs de la vie du droit procèdent finalement de la même source étatique : « La substitution ou la superposition du juge au législateur pour l'œuvre de création de l'ordre juridique, écrit en effet Carré de Malberg, n'a point pour effet de modifier l'idée foncière qu'il faut se faire du droit... Ce seraient les juges qui feraient le droit, au lieu que ce soit le législateur ; mais, en définitive, le droit continuerait à ne prendre effectivement naissance que par la reconnaissance et la consécration qui lui viendraient d'une autorité constituée, fonctionnant comme organe de l'Etat » (R. Carré de Malberg, *Réflexions très simples sur l'objet de la science juridique*, 1935, p. 202).

D'autre part, incriminant explicitement les « néo-kantiens », fidèles à la distinction kantienne de l'*être* et du *devoir-être*, Michel Villey aurait pu invoquer le « néo-kantisme juridique » (selon l'expression d'Albert Brimo) en citant les trois célèbres Emile Rask, Rodolphe Stammler et Gustav Radbruch, et la faillite de leur concept de « droit naturel à contenu variable » ou « à contenu relatif ». A travers les néo-kantiens, c'est encore cette distinction qui constituera le véritable fonds de commerce de l'Ecole compréhensive allemande, en commandant la division entre les « sciences de la nature » et les « sciences de l'homme » (« sciences de la culture » ou encore « sciences de l'esprit ») : « coupure radicale, écrit Michel Villey, entre les *Naturwissenschaften* qui s'efforcent d'expliquer l'être, ce qui est, et les *Kulturwissenschaften, Geisteswissenschaften* interprétant les intentions, les sens, les valeurs que se donnent les hommes dans l'histoire » (p. 138).

Cependant la grande distinction entre *l'être* et *le devoir-être* trouvera enfin sa consécration juridique chez Kelsen où elle est le véritable fondement d'une autre distinction fort célèbre, celle de la *norme* (*Rechtsnorme*) et de la *proposition de droit* (*Rechtssätze*), celle de la « fonction de volonté » et de la « fonction de connaissance ». Or, comme l'a montré depuis longtemps Paul Amselek (*Méthode phénoménologique et théorie du droit*, L.G.D.J., 1964), Kelsen n'a pu maintenir jusqu'au bout cette célèbre distinction. Selon Kelsen, en effet, à la différence d'une assertion, la *norme juridique* qui est un acte de volonté ne peut être ni vraie ni fausse elle peut être seulement valide ou non-valide (il s'agit de ce que les logiciens ont appelé le « dilemme de Jörgensen » d'après lequel on ne saurait attribuer les valeurs de vérité - le vrai et le faux - au monde du devoir-être, c'est-à-dire au domaine des ordres, des impératifs, des normes). En revanche, comme toute assertion, la *proposition de droit* qui porte sur les normes est un acte de connaissance, peut être vraie ou fausse. Par conséquent « les principes logiques en général, et par suite le principe de non-contradiction en particulier, peuvent être appliqués - directement - aux propositions de droit qui décrivent des normes juridiques, et en conséquence - indirectement - aux normes juridiques elles-mêmes ». C'est donc par cette « pirouette » méthodologique dénoncée par Paul Amselek, que Kelsen a pu, à son corps défendant, jeter un pont entre l'être et le devoir-être. C'est pourquoi Kelsen n'a pas véritablement construit « une science juridique purement descriptive », mais, contrairement à son projet, « une science des normes juridiques valides, ce par quoi il manque à la pureté à la fois phénoménologique et descriptive de la science du droit ». Kelsen consacre donc bien la victoire définitive du positivisme juridique qui, avec lui, trouve son aboutissement. Dénonçant le droit naturel conçu exclusivement comme un « Code universel », « il est tombé dans le contresens de confondre *droit* naturel et *loi* naturelle » (M. Villey, *op. cit.*, p. 148).

Or, si la loi naturelle est immuable, le droit naturel est « multiforme ». En effet Kelsen, le plus célèbre champion moderne du positivisme juridique, identifie toujours le droit à la loi, ce qui le laisse « enfermé dans son soliloque ... pour lui, poursuit Villey, le droit sort *a priori* d'une loi, l'idée ne lui vient pas à l'esprit que l'on puisse distinguer entre les deux termes » (*ibid.*). Or cette distinction du *droit* et de la *loi*, déjà présente chez les augustinistes du Moyen-Age et chez Isidore de Séville, affirmée par Suarez, consacrée par Kelsen, est encore retenue aujourd'hui. Ne présente-t-on pas le droit aux étudiants comme un ensemble de « lois », de « règles de conduite » ? (p. 118).

Et c'est bien Kelsen qui, par sa « modernité », a la faveur de nos contemporains et de leurs colloques, avec, il est vrai, « Hart, Bobbio, Rawls, Luhmann... tous auteurs qui partent des mêmes principes et ne s'opposent que sur leurs conséquences » (p. 63). Plus loin, Michel Villey dénonce l'acharnement des modernes contre le prétendu « cadavre » du droit naturel : « Les Kelsen, les Bobbio, les Hart et autres sommités présentes de la philosophie du droit consacrèrent d'énormes ouvrages à pourfendre une philosophie censée disparue » (p. 136-137). Enfin il réaffirme encore préférer, aux modernes, la lecture du *Digeste* et de Saint Thomas : « je leur attribuerais une *autorité* supérieure aux œuvres complètes réunies de Kelsen, Hart, Dworkin et autres » (p. 158).

Or, si avant le XIXe siècle la critique du droit effectuée par Michel Villey était déjà inséparable de sa critique générale de la pensée philosophique et scientifique, elle l'est encore plus depuis le XIXe siècle où l'arrogance de cette pensée est alors grandement renforcée par le prestige du progrès scientifique commandant tout positivisme et tout scientisme - prestige qui touche même la doctrine catholique. On aboutit ainsi à un thomisme « certifié par l'Eglise », un thomisme « démontré, définitif. *Philosophia perennis* » (p. 33). En effet les thomistes modernes réduisent alors le plus souvent la *Somme théologique* à une œuvre purement déductive et unidimensionnelle, oubliant délibérément tout ce qui, en elle, pourrait se rapprocher tant soit peu de la dialectique. C'est ici que l'on mesure vraiment tout l'apport de Michel Villey à la lecture de la *Somme* : il a véritablement sauvé Saint Thomas du thomisme considéré comme *Philosophia perennis*, notamment lorsqu'il remarque que les thomistes ont voulu édulcorer la fonction et la portée des *objections*, soulignant que « L'effort des thomistes est de chasser de la question le *doute*, où la série des objections veut au contraire nous enfoncer » (p. 61), ou lorsqu'il poursuit que « Jusqu'ici les traducteurs français de la *Somme*, suivant la mode inaugurée par la scolastique espagnole, affectent que la question reçoive une réponse unique, ayant pour le moins valeur de *principe*, sauf à lui consentir ensuite quelques exceptions... En table des matières est placé après l'énoncé de chaque problème le sigle A ou N (affirmatif ou négatif) » (p. 68). Un peu plus loin, il ajoute : « Formés à l'esprit scientifique et dans le dogmatisme clérical, les thomistes convertissent la *Somme* en système de vérités clos : *Philosophia perennis*. Quitte à falsifier les textes par des divisions, additions et traductions fallacieuses, à passer au bleu les trois quarts de l'article (ils ne lisent plus guère que le *corps* de l'article, devenu *conclusion*. J'en accuserais jusqu'aux plus grands, Etienne Gilson - *Le Thomisme ou Introduction à la philosophie de saint Thomas*. Excellent livre, mais dont le titre aurait étonné saint Thomas ; son enseignement ne se voulait pas personnel, et lui-même n'a pas désiré lui attacher son nom » (p. 74). A la critique de Gilson, on pourrait ajouter celle que Michel Villey adresse également à Jacques Maritain (dans « La politique de Saint Thomas », in *Dictionnaire des œuvres politiques*, sous la direction de F. Chatelet, O. Duhamel et E. Pisier, P.U.F., 1986, p. 817) pour avoir d'abord, « sous la couverture du thomisme », défendu « l'idéologie monarchiste », avant de se retourner pour « découvrir dans la *Somme* les *droits de l'homme* (qui ne s'y trouvent point !) ». A cet égard ne pourrait-on pas comparer ces célèbres thomistes modernes, négateurs de la dialectique d'Aristote, aux tenants de « l'idéalisme scientifique français » du début du XXe siècle qui avaient voulu discréditer la dialectique d'Aristote au profit de sa seule analytique, comme le fit Léon Brunschvicg pour qui la dialectique d'Aristote relève du niveau infra-scientifique des spéculations « verbales et vides » ou même de grands aristotéliciens tels que Octave Hamelin ou Léon Robin ?

Ainsi, depuis le début du XIXe siècle encore plus qu'avant, toute cette histoire de la pensée juridique et politique (inséparable de celle des sciences humaines dans leur ensemble) ne fait que confirmer la victoire absolue de *l'analytique* comme seule méthode authentiquement scientifique et la relégation corrélative et sans appel de *la dialectique* dans les limbes de l'irrationnel.

CONCLUSION DU CHAPITRE II

Il apparaît à l'évidence que c'est la critique du thomisme qui, chez Michel Villey a joué le rôle de révélateur dans sa critique du droit, de la philosophie et des sciences humaines. En effet, de la Renaissance à nos jours, l'histoire du thomisme se caractérise, soit par une mécompréhension profonde, soit par une ignorance totale du véritable enseignement de Saint Thomas. Ce déficit de la pensée de Saint Thomas, Michel Villey en mesure les conséquences d'abord dans le domaine du droit. C'est lui qui a conduit à affirmer la primauté absolue de la *loi* comme commandement du pouvoir, sur le *droit* comme création de la société. C'est encore lui qui, corrélativement, a assuré le triomphe de la « méthode déductive » sur la « méthode dialectique », car si la « méthode déductive » convient parfaitement à la *loi*, la « méthode dialectique » est celle du *droit*. Aussi n'est-il pas étonnant que ce soit ce triomphe de la « méthode déductive » qui ait permis, dans le domaine juridique, le développement du jusnaturalisme d'abord puis du juspositivisme ensuite qui, bien qu'il s'en défende, apparaît comme le véritable continuateur et héritier du jusnaturalisme. A cet égard Michel Villey a montré la profonde parenté entre le jusnaturalisme et le juspositivisme, à savoir le *déductivisme* qui les caractérise l'un et l'autre et son corollaire, leur commun *dogmatisme*, l'axiome de départ étant Dieu et l'Ecriture pour l'un, l'Etat et le Pouvoir pour l'autre. Mais, dans les deux cas, l'esprit et la démarche restent les mêmes.

Du même mouvement, Michel Villey montre que c'est encore le triomphe de la « méthode déductive » sur la « méthode dialectique » qui a commandé, depuis Hobbes, le développement de la philosophie moderne ainsi que celui des sciences humaines. Car il y a dans le livre de

Villey, quelque chose qui apparaît presque à chaque page, un apport lourd de conséquences non seulement pour l'épistémologie du droit mais également pour l'épistémologie en général : c'est que cet historique dénonciateur de la pensée juridique et politique révèle, éclaire et illumine, dans toutes ses zones d'ombre, un autre historique plus général, celui de la pensée philosophique et scientifique dont il est d'ailleurs inséparable. Or « éclairer les zones d'ombre » de la connaissance, ne peut échoir qu'à une « épistémologie négative » !

Mais, après avoir rappelé les « épistémologies négatives » respectives de Michel Villey et de René Girard, il est temps d'envisager si une rencontre entre les deux peut être décelée. Ce qui - si c'est le cas - permettrait de préciser, de compléter, de prolonger, mais aussi de vérifier et de confirmer l'une et l'autre.

CHAPITRE III

LA RENCONTRE DE RENE GIRARD ET DE MICHEL VILLEY

Les critiques de Michel Villey et de René Girard ont avant tout pour cible le positivisme. Mis à part cet objectif qui leur est commun, elles sont si différentes qu'aucun point de rencontre ou de convergence ne semble pouvoir être détecté entre elles. Le fondement de la critique de Girard est la violence fondatrice, tandis que celui de Villey est la dénonciation de l'opposition de la *raison théorique* et de la *raison pratique*, de *l'être* et du *devoir-être*.

Nous nous proposons d'explorer et de mettre à jour cette rencontre et cette convergence qui ne peut que confirmer le bien-fondé de leur critique respective, en vérifiant l'hypothèse fondamentale qui mérite d'être testée et donc certainement nuancée et rectifiée, mais qui, énoncée dans toute sa force, pourrait être la suivante : *l'être* et la « raison théorique » se trouvent du côté du « meurtre fondateur », *le devoir-être* et la « raison pratique » se trouvent du côté de sa dénonciation.

Cette vérification, nous l'effectuerons dans trois directions plus ou moins complémentaires : la critique des sciences humaines (I), la réhabilitation de la raison pratique (II), et le renouveau de l'épistémologie (III).

I. LA CRITIQUE DES SCIENCES HUMAINES

Les sciences humaines reposent, chez Michel Villey, sur la remise en cause de la séparation de la « raison théorique » et de la « raison pratique », tandis qu'elles ont pour but, selon Girard, de cacher la violence fondatrice. Y a-t-il rencontre, parallélisme entre ces deux dénonciations, c'est ce que nous voulons vérifier en examinant d'abord le mensonge des sciences humaines chez nos deux auteurs (A), puis la réponse qu'ils y ont apportée (B) ?

A - LE MENSONGE DES SCIENCES HUMAINES

Le mensonge des sciences humaines se traduit, selon Michel Villey, par le « dualisme épistémologique » (1-), tandis qu'il a pour but, selon René Girard, de cacher le « mécanisme victimaire » (2-).

1- Villey : la réfutation du « dualisme épistémologique »

Dans son refus du positivisme, il est donc une dénonciation qui traverse tout le livre de Michel Villey : c'est la distinction de l'*être* et du *devoir-être*. Cette distinction - nous l'avons rappelé - remonte au moins à Hume affirmant que d'un *être* on ne pourrait jamais déduire un *devoir-être*, avant d'être érigée en véritable modèle par Kant opposant le *Sein* au *Sollen*, le monde des réalités au monde des valeurs pour trouver son aboutissement dans l'Ecole compréhensive allemande avec son opposition des « sciences de la nature » et des « sciences humaines ». En ce sens, ne faut-il pas compléter Jean-Louis Gardies en disant que la séparation de l'être et du devoir-être, de l'ordre ontique et de l'ordre déontique a permis non seulement « l'essor des sciences de la nature » mais également celui des sciences humaines, soit par imitation du modèle des sciences de la nature (le positivisme), soit par le prétendu rejet de ce modèle (la méthode compréhensive) ? En effet le « modèle positiviste » et le « modèle compréhensif » ne sont que le revers l'un de l'autre, deux approches opposées mais répréhensibles, deux façons également coupables de se couper de la réalité humaine. En les invoquant concurremment ou concouramment, le savant (tel que Rickert ou Weber) pense s'exonérer du risque propre à chacune - mais, bien loin de s'annuler réciproquement, les risques propres à chacune ne font au contraire que se cumuler, montrant la fragilité de l'un et de l'autre modèle.

Or n'est-ce pas ici toute la conception moderne et toute l'épistémologie de la plupart des sciences humaines qui a résolument tourné le dos à l'enseignement d'Aristote et de Saint Thomas ? Cette épistémologie, rejetant (ou feignant de rejeter) l'ancien « credo positiviste » selon lequel les sciences humaines doivent se calquer sur les sciences de la nature, a de plus en plus accrédité (ou semblé accréditer) le « credo compréhensif » consacrant l'opposition des sciences de la nature et des sciences humaines conformément au mot d'ordre de Dilthey : « la nature, on l'explique ; l'homme, on le comprend » - notons que, dans cette opposition, les sciences de la nature peuvent rejoindre les sciences logico-mathématiques au sein des « sciences exactes » ou plutôt « dites exactes ». Ces dernières sont censées reposer sur la seule méthode explicative ou « généralisante » tandis que les sciences humaines reposeraient sur la méthode compréhensive ou « individualisante ».

La conception actuelle de nombre de sciences humaines et de leurs rapports aux sciences exactes donne ainsi raison au « credo compréhensif » et confirme entièrement son prétendu renouvellement par Windelband et Rickert : les sciences de la nature qui utilisent la méthode explicative ou généralisante sont des sciences « nomothétiques » car elles énoncent des lois générales, tandis que les sciences humaines qui utilisent la méthode individualisante sont des sciences « idiographiques » car elles prennent en compte la particularité individuelle. On ne peut donc affirmer plus nettement que le discours scientifique est universalisé et le discours sur l'homme, particularisé et, par conséquent, selon le syllogisme, subordonné au premier : ne sommes-nous pas en pleine rhétorique ?

Enfin le dualisme épistémologique se retrouve encore chez Habermas avec la célèbre distinction et opposition des *sciences empirico-analytiques* et des *sciences historico-herméneutiques*, dernier avatar raffiné et ronflant de l'opposition « compréhensive » entre sciences nomothétiques et sciences idiographiques. Dans cette perspective, l'explication scientifique peut-elle, après avoir assuré, conformément au vœu de Descartes, la maîtrise de la science sur la nature, étendre cette maîtrise sur l'homme lui-même ainsi que l'avait compris Theodor Adorno, les sciences dites humaines, prolongement humain « déshumanisé » des sciences exactes, n'étant que l'instrument de cette extension, et le droit le poste avancé des sciences humaines au sein de la société : dans cette perspective (qui rencontre celle de Gramsci), les sciences humaines n'ont-elles pas pour rôle d'assurer la domination intellectuelle de la science sur l'homme, et le droit d'en assurer la domination physique et effective ? C'est alors, pour reprendre les expressions de Jürgen Habermas, le triomphe de la « raison instrumentale » sur « l'agir communicationnel », le triomphe donc du monologue technocratique sur le dialogue démocratique (notre *op. cit. Droit et épistémologie*...).

Or ce « triomphe du monologue technocratique » n'est-il pas celui du « mécanisme victimaire » dont Girard n'a cessé de dénoncer le mensonge ?

2- Girard : la dissimulation du « mécanisme victimaire »

Il semble que toutes les sciences humaines aient quelque chose à voir avec le mensonge : ce sont des entreprises dissimulatrices dont Girard a eu le mérite de déceler le vice caché qui est toujours la violence. En effet ces sciences visent « à effacer la même chose…, la vérité de la violence fondatrice…» que le christianisme a mise à jour (R. Girard, *Des choses cachées…*, p. 75). Toutes les sciences humaines n'ont fait que reproduire le « mécanisme victimaire », peut-être parce que, de leur origine positiviste, elles ont gardé (Durkheim et la grande ethnologie religieuse d'avant 1940 exceptés) l'ostracisme et même la peur du religieux, cela afin de « perpétuer la méconnaissance des mécanismes victimaires » (R. Girard, *La route antique des hommes pervers*, p. 155). Dans son entretien avec Michel Treguer, Girard revient sur cette tare congénitale des sciences humaines, de la philosophie, de la culture en général, dont seul le christianisme peut être l'antidote : « Le principe, le but de la philosophie, de l'humanisme, c'est de cacher le meurtre fondateur. Etre chrétien, c'est le dévoiler » (R. Girard, *Quand ces choses commenceront*, p. 56). A cet égard les savants se livrent même à un « redoublement de dissimulation » dans la mesure où ils doivent cacher le meurtre fondateur d'abord, les rites sacrificiels ensuite (dont le but est déjà de cacher ce meurtre). C'est pourquoi Luc compare les Pharisiens à des « tombeaux souterrains » qui non seulement cachent la mort, mais en plus se cachent eux-mêmes en tant que tombeaux :

> « *Malheur à vous car vous êtes comme ces tombeaux que rien ne signale et sur lesquels on marche sans le savoir* » (Luc, 11, 44) (R. Girard, *Des choses cachées...*, p. 188).

Ainsi Girard note que, du temps des Pharisiens, le vrai savoir est toujours dissimulé : « l'organisation religieuse et légale s'arrange pour le refouler ». Les Pharisiens ne veulent de la science, ni pour eux, ni - ce qui est encore plus grave - pour les autres, comme Luc le dénonce à nouveau :

> « *Malheur à vous, légistes, parce que vous avez enlevé la clef de la science ! Vous-mêmes n'êtes pas entrés, et ceux qui voulaient entrer, vous les en avez empêchés* » (Luc, 11, 52).

Michel Serres avait fait remarquer à Girard « l'importance de cette référence à *la clef de la science* », et Girard ajoute « Jésus est là pour remettre aux hommes cette clef ». Mais les savants et les docteurs de la loi ne voulant pas entendre la révélation de cette violence, deviennent eux-mêmes violents envers Jésus, comme d'ailleurs tout homme à qui on montre la violence qui est en lui : « L'homme n'est jamais qu'une dénégation plus ou moins violente de sa violence » (*ibid.*, p. 188-189). Cet effort est celui de cacher le « monologue technocratique » derrière un faux « dialogue démocratique », ainsi que l'attestent les réponses respectives de Villey et de Girard.

B - LA REPONSE AU MENSONGE

La réponse au mensonge réside, pour Michel Villey, dans le « monisme épistémologique » (1-), et pour René

Girard, dans la « christianisation » des sciences humaines (2-).

1- Villey : vers un « monisme épistémologique »

Le « dualisme épistémologique » ne doit-il pas être abandonné par le recours ou le retour à un véritable « monisme épistémologique » ? Le schéma « dualiste » ne mérite-t-il pas d'être inversé à la lumière de l'*Organon* d'Aristote pour restaurer, contre les illusions de la rhétorique, les impératifs de la dialectique, car n'est-ce pas en réalité presque le contraire : les sciences exactes qui utilisent la logique formelle ont en effet recours à une méthode sinon individualisante du moins « spécialisante », tandis que le droit et les sciences humaines qui utilisent la logique non formelle, se réfèrent à une méthode authentiquement généralisante ? Ce ne sont pas les sciences humaines qui sont « idiographiques » et les sciences de la nature « nomothétiques » mais plutôt le contraire : les sciences de la nature sont idiographiques dans la mesure où elles sont des sciences de la spécialité, les sciences humaines, et singulièrement la science du droit, sont nomothétiques dans la mesure où elles sont des sciences de la généralité, de l'universalité humaine car elles seules, comme l'avait compris Hayek, peuvent rendre compte du *nomos*, des règles de juste conduite de l'ordre spontané : c'est pourquoi Hayek avait proposé d'appeler « nomothètes » ceux qui reçoivent (comme à Athènes) la mission de protéger et d'améliorer le *nomos* - dans cette perspective ce seraient les spécialistes des sciences exactes et non pas les généralistes des sciences humaines, qui seraient relégués et renvoyés au rang d'« idiographes ».

Les sciences humaines trahissent donc leur objet, leur vocation, et leur dénomination même toutes les fois qu'elles passent de la dialectique à la rhétorique, qu'elles régressent de la première vers la seconde. Ainsi l'Ecole compréhensive n'a pas libéré les sciences humaines de l'emprise positiviste, elle les a aliénées une seconde fois en les séparant de l'édifice scientifique : elle a, à son corps défendant, consacré comme seul véritable modèle scientifique celui des sciences exactes, elle n'a fait que parfaire le modèle positiviste qui, avec elle, gagne sa bataille décisive. Il ne s'agit pas du dépassement mais bien plutôt de la consécration du dualisme épistémologique des sciences exactes et des sciences humaines - dualisme qui a dominé l'épistémologie des sciences sociales depuis la fin du XIXe siècle et qui trouve son aboutissement chez Max Weber dans l'effort même qu'il déploie, à la suite de Rickert, pour dépasser l'opposition des deux méthodes explicative et compréhensive en utilisant concurremment, mais aussi concouramment, l'explication causale et la compréhension interprétative en fonction de la spécificité des problèmes à résoudre. Or, là encore, la rencontre, la concurrence ou encore le concours des deux méthodes généralisante et individualisante ne peut avoir pour effet, conformément aux règles du syllogisme, que de subordonner la seconde à la première et ainsi de laisser le chercheur prisonnier de la rhétorique. Dès lors la méthode compréhensive ne doit-elle pas être remise en cause ? En effet, lorsque l'on dit souvent que cette dernière s'efforce d'appréhender la particularité concrète, de rendre compte de la spécificité individuelle, on n'a pas dit grand chose, on n'a même rien dit du tout. Cette méthode ne procède-t-elle pas d'une mauvaise lecture de Hegel définitivement répudiée par Jean Wahl (*Le malheur de la conscience dans la philosophie de Hegel*, 1929) lorsqu'il résume le mouvement de la *Phénoménologie* hégélienne par une formule dont on peut donner le raccourci suivant : « le particulier est l'universel incarné comme l'universel est le particulier désincarné » (p. 152) ? Car ce qu'effectue l'Ecole compréhensive, n'est-ce pas un retour au nominalisme médiéval selon lequel est possible une science de l'individuel, et le rejet absolu de la conception de Saint Thomas selon laquelle « *pour l'être humain, seuls sont intelligibles les universels* » ?

L'un des rares modernes, certainement, à avoir tenté un dépassement du dualisme épistémologique et une critique corrélative de l'opposition des sciences nomothétiques et idiographiques, est (avant Hayek et en même temps que Popper, mais de façon plus décisive) Ernest Cassirer (*Logique des sciences de la culture*, 1942, trad. franç. « Passages », 1988) dont l'œuvre est inscrite sous le signe du monisme épistémologique. Entre les sciences exactes et les sciences humaines, il n'y a pas ce fossé infranchissable sur lequel l'Ecole compréhensive a trop insisté. Pour Cassirer, comme pour Aristote, la science est une parce que la vérité est une. La nouvelle terminologie introduite par Windelbland et Rickert (tout comme celle, non moins nouvelle, introduite par Habermas) ne fait que renforcer le dualisme épistémologique, aggraver la différence entre les deux sortes de science, creuser davantage encore le fossé qui les sépare car ces nouvelles dénominations portent explicitement sur une différence de méthodes, sur une opposition méthodologique. Or c'est précisément cette opposition que Cassirer rejette radicalement : pour lui, entre sciences de la nature et sciences de la culture, il n'y a pas une différence de méthode mais d'objet, non pas une différence de cheminement logique mais de but. Pour Cassirer (comme pour Aristote) le point de départ de la science réside dans le concept et le jugement à partir desquels peut jouer la dialectique de l'universel et du particulier, la subsumption du cas particulier sous la règle universelle c'est-à-dire le syllogisme. Cette analyse rejoint ainsi celle que faisait Thionville un siècle plus tôt lorsqu'il observait : « A quelque matière qu'il s'applique, l'esprit humain suit donc invariablement les mêmes lois. En toutes choses, il part des premiers principes… on y trouve toujours les mêmes choses : des principes admis et des conséquences tirées de ces principes par le syllogisme » (E. Thionville, *op. cit.*, p. 37).

En fin de compte, si le « dualisme épistémologique » correspond au mensonge du meurtre fondateur, il ne fait nul doute que le « monisme épistémologique » n'en soit la dénonciation, comme peut le confirmer la réponse que trouve Girard dans la « christianisation » des sciences humaines.

2- Girard : la « christianisation » des sciences humaines

La réponse au mensonge des sciences humaines réside d'abord dans l'origine chrétienne de la démarche scientifique. En révélant le mécanisme victimaire, en chassant les boucs émissaires, le christianisme a permis la recherche de l'objectivité. Les boucs émissaires étant écartés, la quête des vraies causes et des vraies lois des phénomènes peut commencer : c'est l'origine de la démarche scientifique. Comme le dit François Lagarde (*René Girard ou la christianisation des sciences humaines*, New-York, 1994, p. 150), la Révélation « parce qu'elle est savoir et non superstition, ouvre aux hommes le chemin de la science », elle permet donc « une investigation proprement scientifique ». Le responsable des malheurs n'est plus un bouc émissaire : ce n'est pas Œdipe qui est responsable de la peste qui ravage Thèbes, ni les juifs qui, au XIVe siècle, empoisonnent les rivières.

Il faut donc, selon Girard, renoncer à invoquer une « causalité magico-persécutrice » : « Ce n'est pas parce que les hommes ont inventé la science qu'ils ont cessé de chasser les sorcières, c'est parce qu'ils ont cessé de chasser les sorcières qu'ils ont inventé la science » (R. Girard, *Le bouc émissaire*, p. 284-285). En effet, si toute la science ne fait (bien souvent sans le savoir) que dénoncer des processus victimaires, c'est la prise de conscience de ceux-ci qui est à son point de départ car elle ne fait que confirmer l'inanité de ces processus : dit plus brutalement, ce n'est pas la science qui est à l'origine de la morale, mais le contraire, la morale qui est à l'origine de la science, c'est la « raison pratique » qui a ouvert la voie à la « raison théorique ».

Ainsi notre hypothèse de départ peut-elle être nuancée, ou plutôt précisée et affinée : dire que *l'être*, c'est le meurtre fondateur, et *le devoir-être* sa dénonciation, contient déjà une part d'exagération, représente un « passage à la limite », il en va de même à plus forte raison avec l'opposition de la « raison théorique » (assimilée au meurtre fondateur) et de la « raison pratique » (assimilée à sa dénonciation), puisque, générée et guidée par la « raison pratique », la « raison théorique » peut souvent poursuivre le même but, la dénonciation de la violence fondatrice - ce qui explique pourquoi la science est si souvent invoquée par tous les détracteurs des religions et défenseurs de l'athéisme qui ne s'en prennent pas au « vrai Dieu », mais seulement à la « divinité persécutrice ».

Or la « raison pratique », puissante machine de guerre contre le mécanisme victimaire, est évidemment d'origine chrétienne. C'est en ce sens que le Christ est « le révélateur universel » (R. Girard, *Des choses cachées...*, p. 264), et qu'il « remet aux hommes la clef de la science » en « déchirant le voile de la méconnaissance ». Chez Marc (15, 38) et Luc (23, 45), au moment de la mort du Christ,

> « *Le rideau du Temple se déchira en deux, de haut en bas... et de nombreux saints trépassés ressuscitèrent* ».

Girard explique que « le rideau du Temple, c'est ce qui sépare les hommes du mystère sacrificiel, c'est la concrétisation matérielle de la méconnaissance qui fonde le sacrifice » et les saints trépassés qui ressuscitent, « ce sont les victimes, en somme, assassinées depuis la fondation du monde, qui commencent à revenir sur cette terre pour se faire reconnaître » (*Ibid.*, p. 257-258). Comme l'écrit François Lagarde, « en faisant la vérité sur la culture humaine, en déchirant le voile de la méconnaissance, le Christ rend le sacrifice à jamais impossible ». Ce « voile de la méconnaissance », c'est « le rideau du temple qui se déchire lorsque meurt Jésus », et « les morts qui ressuscitent..., (ce) sont les victimes sacrifiées, les boucs émissaires » (*op. cit.*, p. 137-138). Il s'agit ici, dit Girard, d'une véritable « *connaissance de la méconnaissance* », celle que nous apporte la science s'il est vrai, selon Bachelard, que « comprendre, c'est comprendre qu'on n'avait pas compris »).

Cette « connaissance de la méconnaissance » traduit, en effet, ce que Girard a appelé la vraie « *science de Jésus* » : lorsque le Christ se présente lui-même comme l'obstacle à la foule persécutrice, le scandale par excellence qui, ayant été rejeté, deviendra la pierre angulaire du royaume de Dieu :

> « *La pierre que vous avez rejetée deviendra la pierre de faîte de l'édifice* »,

cette phrase révèle toute la vraie science de Jésus : « Le fait même que le Christ n'ait pas inventé cette phrase mais qu'il l'ait isolée de son contexte et qu'il ait repéré cette pertinence le premier, montre en lui le possesseur d'un savoir que les Evangiles, de toute évidence, contiennent... » (R. Girard, *Les origines de la culture*, p. 273). Cette « science de Jésus » sera plus grande encore avec la crucifixion « en privant le mécanisme victimaire des ténèbres dont il doit s'entourer pour gouverner toutes choses ». C'est pourquoi « Paul voit dans la Croix la source de tout savoir... Il croit très littéralement qu'il n'y a pas de savoir supérieur à celui du Christ crucifié » (R. Girard, *Je vois Satan...*, « Le triomphe de la Croix », p. 220-221). C'est ici le véritable « acte de foi » en la portée scientifique de la Révélation qui appelle la réhabilitation de la raison pratique comme dénonciation de la violence fondatrice.

II. LA REHABILITATION DE LA RAISON PRATIQUE

C'est moins la raison théorique elle-même que la volonté de la séparer de la raison pratique qui rejoint le meurtre fondateur et le « mécanisme victimaire ». Or la séparation de la raison pratique et de la raison théorique a trouvé une illustration privilégiée dans le développement de la « logique des normes » ou « logique déontique » dont Michel Villey a toujours contesté la prétention à régir le monde de la pratique (A), et elle se retrouve confirmée par la dénonciation de la « peur du normatif » chez René Girard (B).

A - MICHEL VILLEY : LA DENONCIATION DE LA PRETENTION DE LA LOGIQUE DES NORMES

A la différence de la *logique binaire* du *vrai* et du *faux* ou « logique classique », la *logique des normes* admet quatre valeurs : *l'obligatoire, l'interdit, le permis et le facultatif* - ses véritables fondateurs étant, en 1951, Georges Kalinowski avec sa *Théorie des propositions pratiques*, et George-Henrik von Wright dans sa *Deontic logic* et *An essay in modal logic* (notre *op. cit. Droit et épistémologie*...).

La prétention de la logique des normes est de vouloir régir le monde de la pratique, alors qu'elle ne régit que celui de la théorie (1-). Cette impuissance de la logique des normes lui est congénitale puisqu'elle affecte aussi ses précurseurs (2-).

1- La logique des normes, œuvre de la « logique de la théorie », non de la « logique de la pratique »

Les grandes espérances qu'avait pu susciter la logique des normes pour la connaissance du fonctionnement réel du droit et pour l'exploration corrélative de la raison pratique, devaient s'évanouir presque totalement et les deux éminents logiciens Robert Blanché et Georges Kalinowski furent, à notre avis, les deux victimes les plus instructives de ces espérances et de cette grande illusion : le premier par sa conception de la « logique de la pratique », le second par son édification même de la logique des normes au cœur de laquelle son interprétation du « syllogisme pratique » d'Aristote prend valeur exemplaire et même symptomatique.

En ce qui concerne Robert Blanché (Préface à G. Kalinowski, *Etudes de logique déontique -1953-1969*, L.G.D.J., 1972) force est de retenir sa lumineuse opposition entre une « logique de la théorie » et une « logique de la pratique », et son explication du retard de la seconde par rapport à la première en raison de la complexité et de la difficulté que présentent, pour l'analyse conceptuelle, les domaines du droit, de la morale et de la vie pratique, et du préjugé selon lequel la science ne saurait y avoir accès. Mais, si nous souscrivons entièrement à ce jugement, en revanche, nous ne saurions accepter l'énumération que donne R. Blanché des différentes provinces de la logique de la pratique, à savoir la logique des normes, la logique des valeurs, la logique des impératifs qui, toutes, ont certes pour ambition d'investir certains domaines de la « raison pratique », mais qui ne le font que du point de vue de la « raison théorique » : c'est pourquoi ces différentes logiques relèvent encore de la logique déductive formelle, de la « *logique de la théorie* », et non d'une véritable « *logique de la pratique* », cette dernière renvoyant à une autre logique pour laquelle Michel Villey n'a jamais caché sa préférence dans le domaine du droit et que Chaïm Perelman a appelée « logique non formelle », logique de l'argumentation et de la persuasion, seule capable de rendre véritablement compte du discours juridique, moral, philosophique, du discours de la vie pratique en général.

De même, pour ce qu'il en est de Georges Kalinowski (*La logique des normes*, P.U.F., 1972), la logique des normes dont il est le maître, relève de la « logique de la théorie », non de la « logique de la pratique », ainsi que l'atteste sa propre conception du « syllogisme pratique » d'Aristote qui est particulièrement révélatrice. En effet G. Kalinowski souligne qu'il a traduit ainsi l'expression (au pluriel) « *oi sullogismoi tôn praktôn* », il précise en note qu'il a suivi la traduction donnée par R. M. Hare en 1952 et D. J. Allan en 1955, et non pas, entre autres, celle de Robin et Tricot - à notre avis bien meilleure (parce que plus simple et plus littérale) - qui ont traduit par « syllogismes de l'action ». Or l'exemple donné (et reconstruit) par G. Kalinowski (« *Parce que tout homme doit marcher, et comme il est homme, alors il doit marcher immédiatement* ») ainsi que sa propre définition corrélative du système issu de ce syllogisme comme le prolongement, dans le domaine normatif, de la syllogistique des propositions assertoriques et des propositions modales d'Aristote, suffit à montrer qu'il s'agit bien d'un véritable « syllogisme normatif » (Aristote étant bien un précurseur de la logique des normes). Mais ce « syllogisme normatif », à l'égal du « syllogisme assertorique » ou encore du « syllogisme modal », est bien un « syllogisme analytique ou scientifique » et non pas un « syllogisme dialectique » qui, avec le « syllogisme sophistique ou éristique », mériteraient seuls, selon nous, d'être rangés dans les « syllogismes pratiques ». En effet, si on se réfère à la division de l'*Organon* en une première partie consacrée au « syllogisme analytique » (objet du quatrième traité et de certains éléments des trois premiers) et en une seconde partie réservée au « syllogisme dialectique » et au « syllogisme sophistique » (objet des cinquième et sixième traités), force est de constater que le « syllogisme normatif » relève de la première partie, non de la seconde, c'est-à-dire de la « logique formelle » et non pas de la « logique non formelle », de la « logique de la théorie », non de la « logique de la pratique ». Aristote aurait donc dû traiter du « syllogisme normatif » après son étude de la théorie des modales (dans l'*Herménéia* et les *Premiers Analytiques*) ; jamais il n'en aurait traité dans les *Topiques* et encore moins dans les *Réfutations sophistiques* parce que le syllogisme normatif est bien un

« syllogisme analytique », non pas un « syllogisme pratique ». L'erreur est donc venue de ce qu'Aristote n'a pas traité du syllogisme normatif dans la place qui aurait dû être la sienne, mais dans *Du mouvement des animaux* et dans l'*Ethique à Nicomaque*.

Ces remarques nous invitent à revoir la liste donnée par Georges Kalinowski, des précurseurs de la « logique de la pratique » pour les distinguer catégoriquement des précurseurs de la « logique des normes ».

2- Les précurseurs de la logique des normes

Selon Georges Kalinowski (*op. cit.*), Aristote est le précurseur de la logique des normes par son étude des énoncés « pratiques » (ou normatifs) faisant l'objet du « syllogisme pratique » qui fut également étudié par Saint Thomas d'Aquin. Mais le grand précurseur de cette logique fut Leibniz, avec Wolff, ainsi que - plus près de nous - Brunschvicg dans *La modalité du jugement* de 1897, Husserl dans ses *Recherches logiques* de 1900, Jean Ray dans l'*Essai sur la structure logique du Code civil français* de 1926.

Le cas d'Aristote venant d'être réglé, nous pouvons en venir à Leibniz. Comme l'a établi et même découvert Robert Blanché, Leibniz est l'un des plus illustres précurseurs de la logique des normes, c'est-à-dire d'une nouvelle conquête de ce qui n'est encore que la « logique de la théorie ». D'ailleurs le mérite de Leibniz s'étend à beaucoup d'autres domaines de la logique de la théorie ainsi que l'a établi Jean-Louis Gardies révélant son rôle précurseur dans la découverte de la notion paradoxale d'*axiomatiques sans axiomes*, ou dans celle de la « logique trivalente ». Cependant Leibniz est non seulement le précurseur de ces différentes provinces de la « logique de la théorie » ; il l'est aussi de la « logique de la pratique » ainsi que le révèle encore Jean-Louis Gardies (La rationalité du droit chez Leibniz, *A.P.D.*, n° 23, 1978) lorsqu'il montre que deux méthodes très différentes président chez Leibniz à la réorganisation du droit : d'une part, la méthode déductive ou « descendante » qui, partant des principes, descend jusqu'aux « théorèmes », d'autre part la méthode « quasi-inductive » ou « ascendante » ou encore « encyclopédique » qui consiste, au contraire, en partant de la base, à remonter jusqu'aux éléments, et dont le *De arte combinatoria* de 1666 offre l'illustration la plus caractéristique (p. 119). Sur ce dernier point, il va sans dire que Leibniz est toujours l'héritier d'Aristote, non plus celui de l'*analytique* et de la méthode déductive, mais bien plutôt celui de la *dialectique* et des *Topiques*, c'est-à-dire celui de « l'induction dialectique » et de la « logique de l'invention ».

Mis à part le cas privilégié de Leibniz, figure, dans cette liste, Wolff qui prétend avoir réalisé le projet leibnizien d'une « jurisprudence universelle ». Or, bien loin d'avoir apporté la moindre des contributions à la « logique de la pratique », Wolff, en voulant ramener l'ensemble du droit à un système logique entièrement déductif dont les principes premiers sont les droits « naturels et innés » de l'homme, ne s'est consacré qu'à la « logique de la théorie » appliquée au droit, logique qui, selon son expression, n'est bien qu'un « jeu d'enfants » surtout comparée à celle de Leibniz dans ce seul domaine de la logique de la théorie elle-même.

Dans la liste incriminée, figurent ensuite les modernes, notamment Jean Ray, Edmund Husserl et Léon Brunschvicg. Si ces trois grands noms peuvent illustrer légitimement l'histoire de la gestation de la logique des normes, il serait beaucoup plus difficile de les inscrire dans celle de la « logique de la pratique ».

Jean Ray, dans son grand ouvrage de 1926 *Essai sur la structure logique du Code civil français* (Alcan), a certes donné (avec son tableau des vingt-quatre propositions normatives, le « squelette logique de toute législation » selon Jean-Louis Gardies) les premiers éléments de la logique des normes, mais cela ne suffit pas en faire pour autant un précurseur de la logique de la pratique.

En ce qui concerne Husserl, Georges Kalinowski a montré (dans un article de 1965) qu'il était un précurseur de la logique des normes, mais également (dans un article de 1968) le précurseur de la logique des valeurs (articles réunis dans *Etudes de logique déontique*, précité). Or Kalinowski révèle que c'est sur le modèle de sa logique des normes et dans le prolongement direct de celle-ci que Husserl a construit sa logique des valeurs, cette dernière s'éclairant elle aussi à la lumière de la « théorie hexagonale de l'opposition » de Robert Blanché - ce qui montre que la logique des valeurs de Husserl reste, à l'égal de sa logique des normes, une « logique de la théorie », non pas une « logique de la pratique ».

Pour ce qui est enfin de Léon Brunschvicg, s'il peut lui aussi être considéré comme un précurseur de la logique des normes par les développements qu'il y consacre dans sa thèse de 1897 sur *La modalité du jugement*, en revanche on ne saurait, en aucun cas, en faire un précurseur de la « logique de la pratique » à laquelle il s'est, au contraire, toujours catégoriquement et même originellement opposé puisqu'il la dénonce dans sa source même, à savoir dans la dialectique d'Aristote qui relève, selon lui, du niveau infra-scientifique des spéculations « verbales et vides ». A cet égard Brunschvicg est ici fort représentatif de cet idéalisme scientifique qui a marqué la fin du XIXe et le début du XXe siècle, et selon lequel la vérité ne saurait être cherchée en dehors de la science, ce qui a conduit d'ailleurs de grands aristotéliciens tels que Octave Hamelin ou Léon Robin à dénoncer le prétendu caractère infra-scientifique de la dialectique aristotélicienne.

Mais ce discrédit (d'origine incontestablement positiviste) porté contre une véritable « logique de la pratique » fidèle à la dialectique d'Aristote, est entièrement solidaire de toute la conception des sciences humaines, aussi bien de celle du XIXe siècle dominée par le « modèle positiviste », que de celle du XXe siècle mettant aux prises le modèle positiviste avec son apparente antithèse, le « modèle compréhensif ».

Que la « raison théorique » coupée de la « raison pratique » soit incapable de régir les sciences humaines, telle est la conclusion à laquelle aboutit également, de son côté, René Girard qui ajoute que cette coupure a pour but, avant tout, de cacher le meurtre fondateur - ce qui s'explique par cette peur de la violence fondatrice qui a généré la « peur du normatif ».

B - GIRARD : LA DENONCIATION DE LA « PEUR DU NORMATIF »

La dénonciation de la « peur du normatif » découle, chez Girard, d'une part de sa remise en cause de la séparation du *sujet* et de l'*objet* de la science (1-), d'autre part de sa conception des rapports du droit naturel et du droit positif (2-).

1- La remise en cause de la séparation du *sujet* et de l'*objet* de la science

La Révélation chrétienne, en éclairant la théorie mimétique et en lui donnant son fondement, ouvre la voie à une conception fort ouverte de la science qui l'éloigne de tout positivisme et de tout scientisme. A la différence de la science positive (ou positiviste), la théorie mimétique n'implique pas une séparation radicale entre le sujet et l'objet de la connaissance : « il ne peut y avoir de séparation nette entre l'observateur et l'objet d'observation… La théorie mimétique exige une *compréhension existentielle*, si l'on veut en saisir tout le sens… Et cette compréhension nécessite l'implication du sujet dans le système mimétique ». Au contraire, avec la science positive ou positiviste, « le sujet tente en permanence d'éviter l'indifférenciation et l'apparition des doubles ; il continue à penser en terme de différence » (R. Girard, *Les origines de la culture*, p. 225), autrement dit, il ne veut pas reconnaître qu'il est lui-même engagé dans le processus de connaissance. Au nom d'une certaine objectivité, les sciences humaines ont accordé un traitement égal au bourreau et à la victime : « La volonté de *respecter les différences* en arrive, de nos jours, à mettre toutes les *vérités* sur le même plan. Elle évacue au fond l'idée même de vérité, n'y voyant plus qu'une source de conflit. Mais si nous mettons la *vérité des persécuteurs* sur le même plan que la *vérité de la victime*, très vite il n'y aura plus de différence ni de vérité pour personne… Toute affectation d'*impassibilité*, quel qu'en soit le prétexte,… fait de nous des complices efficaces des persécuteurs ».

Girard dénonce la prétendue objectivité des sciences humaines qui opposent toujours l'objet et le sujet de la science. Or « loin d'être une source d'ignorance, l'identification passionnée à la victime est ici la source authentique du savoir comme de tout le reste. La vraie science de l'homme n'est pas impassible » (p. 160-161). Car cette « identification *passionnée* à la victime » n'est-elle pas d'abord celle du Christ ? A cet égard il faut souligner l'admirable ambiguïté du mot « passionné » qui peut renvoyer soit au sens courant de « porté au plus haut point », soit au sens évangélique qui évoque la Passion du Christ : Claudel ne disait-il pas qu'il fallait « transformer sa passion en la Passion » ? - ce qui traduit la portée scientifique de la Révélation chrétienne et entraîne une certaine réhabilitation des sciences humaines par leur « christianisation », selon le titre de l'ouvrage précité de François Lagarde : *René Girard ou la christianisation des sciences humaines*. Par là, les sciences humaines, mettant à leur centre la religion comme « science de la violence », ne manquent pas de « prendre parti » pour les victimes contre les persécuteurs, elles sont « converties » littéralement, de la reproduction du « mécanisme victimaire » à sa mise à jour et à sa dénonciation, car « la vraie science de l'homme n'est pas impassible » (R. Girard, *Les origines...*, p. 161), puisque « se convertir, c'est se reconnaître persécuteur » (p. 138) - ce qui dissipe définitivement le « mirage » de la mythologie de « l'objectivité scientiste » (René Girard et Gianni Vattimo, *op. cit.*, p. 146). Car, au lieu de « rationaliser la position du sujet », il faut effectuer une « conversion » afin de remettre en question « la séparation fictive entre sujet et objet de l'enquête anthropologique » car « nous sommes *en même temps* sujets et objets du désir mimétique » (« Une longue argumentation du début à la fin », Introduction à *Les origines de la culture*, p. 18-19). Faute de cette conversion, les sciences humaines dans leur ensemble ne sont qu'une nouvelle mythologie, la mythologie de l'objectivité que le scientisme et le positivisme ont érigée en dogme, et dont la métaphysique avait compris le mensonge.

Dans le domaine juridique, cette « peur du normatif » s'est exprimée par le rejet du droit naturel au profit du droit positif.

2- Les rapports du droit naturel et du droit positif

La violence réapparaît toujours dans le droit positif (a), malgré l'effort du droit naturel pour la juguler (b-).

a- *Le droit positif : la rémanence de l'origine violente du droit*

L'interdit ne remplit pas toujours parfaitement son rôle de retenir la violence, il lui arrive, peut-être en raison de son long commerce avec elle, de se laisser dépasser par elle. En effet les interdits contiennent un savoir sur la violence puisqu'ils ne sont que de la « violence surmontée », de la violence donc médiatisée et extériorisée, autrement dit « institutionnalisée », de la violence contenue (dans les deux sens du terme : « détenue » et « retenue »), de la violence figée et réifiée : « Les interdits ne sont rien d'autre que la violence elle-même, toute la violence d'une crise antérieure, littéralement figée sur place, muraille partout dressée contre le retour de ce qu'elle-même fut. Si l'interdit fait preuve d'une subtilité égale à celle de la violence, c'est parce qu'en dernière analyse il ne fait qu'un avec elle » (R. Girard, *La violence et le sacré*, p. 321). C'est pourquoi, premiers véhicules des interdits, les mythes et les rites apparaissent comme une pré-science de la violence, une anticipation de la vraie « science de la violence » qu'est, selon Girard, la religion. Mais il arrive à l'interdit de retourner à son origine violente, de la « trahir », ou plutôt de lui redevenir fidèle en trahissant la non-violence, en oubliant tout son savoir accumulé sur la violence. N'est-ce pas ici, au sens propre et non-psychanalytique, le véritable « retour du refoulé » ? En effet, souligne Girard, il arrive à l'interdit « de faire le jeu de la violence et de grossir la tempête quand l'esprit de vertige souffle sur la communauté. Comme toutes les formes de protection sacrificielle, l'interdit peut se retourner contre ce qu'il protège » (*ibid.*).

Le retour de la violence explique certainement ces périodes de crise que traverse le droit, « ces heures de crise, dont parlait Fechner, où le droit cesse de nous satisfaire mais produit l'amère impression de l'injustice et du désordre, ce qui nous oblige à nous interroger sur sa valeur, sur ses sources et sur son fondement » (notre *op. cit. Droit et philosophie*) - interrogation à laquelle a toujours répondu le droit naturel comme négation de la violence.

b- *Le droit naturel : la négation de la violence*

Au vieux problème du *droit naturel* et de ses rapports au *droit positif* qui a fait couler beaucoup d'encre, Girard apporte une réponse des plus simples : le droit naturel, c'est la dénonciation de l'inconscient persécuteur et de la violence fondatrice, et le droit positif n'est pas, comme le pense Kelsen et tout le « positivisme juridique », la négation de cette dénonciation, mais au contraire la difficile tentative de sa mise en œuvre et de sa réalisation. Ainsi, pour Girard, le droit naturel, c'est le Christ et ses prédécesseurs, dans l'Ancien Testament et dans l'histoire ancienne en général, qui ont opéré la même dénonciation, Job qui, dans la Bible, clame son innocence, ou Antigone qui, dans la mythologie grecque, n'accepte pas le sacrifice de ses frères, ni la culpabilité de son père, au nom du droit naturel, cette exigence de justice qui s'oppose trop souvent au droit établi par les hommes et le pouvoir, le droit positif, en l'occurrence celui de Créon et Tirésias qui ont convaincu Œdipe de sa culpabilité (parricide et incestueuse). Antigone est la seule à dénoncer « la violence du droit », à défendre Œdipe, elle éprouve pour lui cet attachement qui est celui de tout enfant pour son père, sans qu'il soit besoin d'invoquer une « essence » incestueuse. Elle souffre du malheur d'Œdipe, elle fait tout pour l'alléger et le rendre supportable : elle souffre de tout sauf du « complexe d'Œdipe », en ce sens, on pourrait dire qu'elle est « anti-freudienne », alors que le positivisme juridique, parfaite illustration de la « violence du droit » et de la culpabilité humaine, est typiquement « freudien ». Comme nous l'avons vu plus haut, Girard a pu donner une illustration « psychanalytique » de l'origine du contrat social, en le rapportant à l'accord unanime des *frères* de la « horde primitive » pour procéder au « meurtre du *père* » - à cet égard, Kelsen, *télos* du positivisme juridique et pur produit du « Cercle de Vienne », est-il aussi étranger qu'on pourrait le croire, à Freud ? Girard rejoint donc la tradition qui fait d'Antigone le symbole même du droit naturel, mais en plus il en montre le bien-fondé, il la justifie contre toutes les réserves et préventions de Kelsen à son endroit. Ainsi, comme le rappelle Jean-Baptiste Fages (*Comprendre René Girard*, Privat, 1982, p. 122), « une Simone Weil » n'a pas eu tort de voir « dans Antigone la *figure du Christ* la plus parfaite du monde antique ».

Cet exemple et son illustration psychanalytique nous invitent à rapprocher l'opposition « épistémologique » de *l'être* et du *devoir-être*, de l'opposition freudienne du *ça* et dur *sur-moi*. Il ne fait alors nul doute que *l'être* corresponde au *ça*, au « rival honni » tandis que *le devoir-être* renvoie au *sur-moi*, au « modèle vénéré ». Ainsi *l'être* qui ne doit son existence qu'à son opposition au *devoir-être*, apparaît-il comme le domaine de « l'indifférenciation violente », comme la tentative de cacher la « violence fondatrice » qui présente une incoercible tendance à réapparaître. Il en va de même, bien sûr, pour l'opposition de la « raison théorique » et de la « raison pratique », la première ne devant ses réussites et ses conquêtes qu'à la seconde, véritable moteur et catalyseur du passage de ce que Lalande appelait la « raison constituée » à la « raison constituante ».

La « peur du normatif » anticipe donc toute la critique girardienne de la science dans la mesure où elle n'est que la peur de « l'indifférenciation violente », la peur de la « violence fondatrice » qu'il s'agit toujours de cacher soigneusement. Ainsi, chez Girard comme chez Villey, la réhabilitation de la raison pratique appelle un renouveau de l'épistémologie.

III. LE RENOUVEAU DE L'EPISTEMOLOGIE

Le renouveau de l'épistémologie pourrait venir évidemment de la place stratégique enfin reconnue à la raison pratique (A), ce qui révélerait une certaine convergence de l'épistémologie et de la métaphysique (B).

A - UNE EPISTEMOLOGIE DE LA RAISON PRATIQUE

René Girard a fait appel à une « nouvelle rationalité » (1-), tandis que Michel Villey avait compris la pertinence d'une « logique de la pratique » (2-).

1- René Girard : la « nouvelle rationalité »

C'est à partir du traité de Clausewitz *De la guerre* que Girard a pu effectuer une critique de la « raison des Lumières » (a-). Or, dans *Achever Clausewitz*, Girard a montré que le traité de Clausewitz ne peut être véritablement compris que par la confrontation avec ce qui lui semble le plus opposé, la religion, définie, il est vrai, comme « la science de la violence » : c'est seulement par cette confrontation que prend tout son sens l'appel à une « nouvelle rationalité » (b-).

a- *La critique de la « raison des Lumières »*

Dans son *Shakespeare*, Girard avait déjà dénoncé « l'étroite raison des Lumières (qui) reste fille du meurtre fondateur » (*Shakespeare...*, p. 259), mais c'est dans *Achever Clausewitz* (*Entretien avec Benoît Chantre*, Carnets Nord, 2007) que Girard oppose à la « raison des Lumières » qui serait encore celle de Hegel, une « nouvelle rationalité », de l'émergence de laquelle Clausewitz aurait pris acte dans son traité *De la guerre*. Seule cette nouvelle rationalité serait capable d'exprimer correctement ce que l'on pourrait appeler la « raison belliqueuse » (qui serait peut-être aussi la meilleure approche de la « raison politique » qui, pour Girard, n'est que « la raison du bouc émissaire », en vertu des rapports entre la politique et la guerre qui font l'objet principal du traité de Clausewitz). Car, en définissant la religion comme « la science de la violence », Girard l'a véritablement placée au centre de toutes les sciences humaines, de même que Machiavel (*Le prince*, 1514), en définissant la guerre (l'art de prendre et de conserver les « principautés ») comme « la science de ceux qui gouvernent », l'avait placée au cœur de la politique. Cependant la définition de Machiavel reste trop optimiste dans la mesure où elle affirme la possibilité d'une science de la guerre. Or, à travers la lecture de Clausewitz, Girard conclut à l'impossibilité d'une telle science, du moins au moyen de la « raison des Lumières » à laquelle Clausewitz, tout comme Hegel, reste entièrement fidèle. Si la « raison des Lumières » peut encore rendre compte de ce que Carl Schmitt appelait la « conception classique de la guerre », avec ses distinctions nettes et ses règles précises, en revanche elle est complètement inapte à rendre compte de la « conception moderne de la guerre » selon Schmitt, cette « guerre civile généralisée », cette « guerre totale » qui ne connaît plus ni règles ni distinctions mais seulement un impératif de destruction totale. Cette logique de la guerre moderne avait été parfaitement comprise par Clausewitz avec sa théorie de la « montée aux extrêmes » qui lui avait permis d'entrevoir le « mouvement apocalyptique de l'histoire ». Mais, comme le rappelle Charles Ramond (« Achever Clausewitz ? Apocalypse et catastrophisme contemporain »), Clausewitz, en « homme des Lumières et en théoricien de la politique», n'avait pu que « reculer d'horreur devant cette intuition ». C'est précisément cette intuition que Girard se propose de questionner à fond et de développer complètement, et c'est en ce sens qu'il veut, selon Charles Ramond, « achever Clausewitz ». Cet

« achèvement » passe par l'appel à cette « nouvelle rationalité », entrevue par Clausewitz, et que Girard veut explorer plus avant puisqu'elle s'oppose à la raison des Lumières, « fille du meurtre fondateur ».

b- L'appel à une « nouvelle rationalité »

Reposant sur le « principe d'ambivalence » (le « maudit » et le « béni » de *La violence et le sacré*), la « nouvelle rationalité » est d'abord fondamentalement paradoxale, mais surtout, bien loin de reculer devant le religieux comme devant une chimère inaccessible, elle en a fait, au contraire, la genèse et le terreau de sa méthode. C'est pourquoi la guerre comme « science de ceux qui gouvernent » ne peut être vraiment comprise sans la religion comme « science de la violence ». Paradoxalement, la « raison belliqueuse » ne peut être comprise sans la « raison religieuse », et c'est en montrant que la première ne peut véritablement être éclairée que par la seconde qui lui donne tout son sens, que Girard veut « achever Clausewitz ». Ainsi son livre est tout autant épistémologique qu'apocalyptique. A cet égard, Pascal se présente comme un modèle irremplaçable d'appréhension de cette nouvelle rationalité, dans la mesure où, chez lui, le paradoxe est toujours fondamentalement religieux : « misère » ou « grandeur » de l'homme, suivant qu'il est sans Dieu ou avec Dieu -

> *« S'il s'élève, je l'abaisse, s'il s'abaisse, je l'élève, jusqu'à ce qu'il comprenne qu'il est un monstre incompréhensible* ».

Notons que, à partir de la religion comme « science de la violence *générale* » et à partir de la guerre comme « science de la violence *politique* » (« science de ceux qui gouvernent » selon Machiavel), le discours pascalien pourrait être transposé à la critique et à la réhabilitation des sciences humaines dans leur ensemble, telles qu'on peut les trouver chez Girard : « misère ou grandeur » des sciences humaines, suivant qu'elles sont « sans Dieu ou avec Dieu », suivant qu'elles veulent cacher la vérité du « meurtre fondateur » ou, au contraire, la révéler, suivant qu'elles veulent être « impassibles » ou, tout au contraire, « prendre parti » délibérément contre les persécuteurs. C'est en ce sens que François Lagarde (*op. cit.*) a pu traiter de « la christianisation des sciences humaines » chez René Girard. Se trouve ainsi confirmée la portée « épistémologique » toujours méconnue sinon dénoncée et même anathémisée de la religion tant qu'on ne l'a pas rapportée à la « science de la violence », or elle seule peut faire de l'épistémologie la science de la dénonciation du meurtre fondateur.

Il va sans dire que la « nouvelle rationalité » de Girard refuse la coupure de la « raison théorique » et de la « raison pratique » (refus qui est, lui aussi, celui du meurtre fondateur et du mécanisme victimaire) et qu'ainsi il rejoint l'affirmation de « l'unité de l'intellect » chez Saint Thomas que Michel Villey a mis au centre de sa conception d'une « logique de la pratique ».

2- Villey : La pertinence d'une « logique de la pratique »

Les implications de la critique de Michel Villey - ce n'est pas un hasard pour cet « aristétotélo-thomiste » - sont entièrement conformes à l'enseignement de ce premier grand « discours de la méthode » que nous donne l'*Organon* d'Aristote (Préliminaire). Ces implications concernent le rôle, reconnu à la science juridique, de « science modèle » pour les sciences humaines (a-) -

implications confirmées par la place qui devrait revenir au « syllogisme dialectique » pour le développement des sciences humaines (b-) (notre *op. cit. Droit et épistémologie*...).

Préliminaire : *L'enseignement de l'*Organon *d'Aristote*

A la différence du *Discours de la méthode* de Descartes qui ne concerne que la raison théorique, celui d'Aristote englobe à la fois la raison théorique et la raison pratique, ou plus exactement, il traite des deux versants de la raison, le versant théorique et le versant pratique. C'est pourquoi on a pu légitimement discourir, dans la tradition cartésienne, sur les méthodes des sciences de la nature ainsi que l'a fait Claude Bernard dans son *Introduction à l'étude de la médecine expérimentale*. Il était donc beaucoup moins légitime de conserver cette même tradition cartésienne pour discourir sur les méthodes des sciences sociales ainsi que l'a fait Durkheim dans ses *Règles de la méthode sociologique*. Quant à Bachelard qui voyait dans le discours cartésien de la méthode « la politesse élémentaire de l'esprit scientifique », il n'a fait, dans son *Nouvel esprit scientifique*, que le prolonger, ne prenant en compte que les sciences physiques. Cette même critique ne peut-elle être étendue au « nouveau nouvel esprit scientifique » de Michel Serres qui se caractérise, comme une bonne partie de l'épistémologie moderne, par la seule considération de la raison théorique et la relégation de la raison pratique dans les limbes de l'irrationnel ? Aujourd'hui donc y aurait-il vraiment quelque chose à changer de ce jugement de Charles Thurot (*Etudes sur Aristote. Politique, dialectique, rhétorique*) remontant pourtant à 1860 : « On serait tenté de penser que, dans l'emploi des méthodes, la philosophie a reculé depuis Aristote plutôt qu'elle n'a avancé » (p. 140).

Notons que ce terrible jugement est la conclusion à laquelle arrive l'auteur non seulement au sujet de l'épistémologie de son époque, mais également au sujet des fondements épistémologiques mêmes de la grande philosophie classique qui, prétendant procéder « à la manière des géomètres », a néanmoins recours subrepticement à l'art du dialecticien. C'est le cas de l'éthique de Spinoza, de la morale de Fichte et de la logique de Hegel dont il parle en ces termes : « Spinoza lui-même est obligé d'introduire dans les *préfaces* et les *scolies* de son *Ethique* beaucoup de considérations dialectiques ; la même remarque est applicable à la morale de Fichte (dont Schleiermacher avait déjà fait observer que les *remarques accessoires* sont plus importantes que les démonstrations). La logique de Hegel… renferme dans ses pures abstractions une multitude cachée de faits empruntés à l'expérience sensible et ne peut se passer de la polémique contre les opinions plausibles » (p. 140). Leibniz ayant été quelque peu égratigné auparavant pour avoir « prétendu renouveler la notion (spinoziste) de substance » (p. 139), seul Kant échappe donc à la vindicte de Thurot (n'a-t-il pas emprunté à Aristote la distinction de l'*analytique* et de la *dialectique* ?). Très souvent ce sont donc les remarques qui deviennent le véritable exposé du système, et l'exposé du système qui prend la valeur de remarques. Ainsi y aurait-il peut-être une thèse à écrire sur l'importance des « remarques » de plus d'un grand philosophe classique - thèse dans laquelle les remarques seraient, bien entendu, plus importantes que l'exposé du système lui-même !

Or ces « remarques » apportent le meilleur démenti au préjugé anti-normatif qui a commandé en maître toute l'épistémologie. En effet le préjugé « anti-normatif » de l'épistémologie ne frappe-t-il pas son maître incontesté, le maître de ces maîtres que sont Canguilhem, Dagognet, Granger ou Serres, le grand Bachelard lui-même. A cet égard il faut rappeler cette anecdote que nous raconta Jean Lacroix qui fut notre professeur à Lyon. Jeune agrégé venant d'être nommé à la Faculté des Lettres de Dijon (dans les années vingt), Jean Lacroix rencontra Bachelard qui y était depuis quelque temps, ayant fini par accepter le poste qu'on lui proposait pour quitter Bar-sur-Aube (« la plus grande erreur de ma vie » disait-il). Au début de l'année universitaire, pour partager les enseignements, à cette époque où ceux de Philosophie ne comprenaient que deux grandes parties, la Logique et la Morale, Bachelard fit cette suggestion à Jean Lacroix qui accepta aussitôt : « j'aimerais bien que tu prennes la Morale, parce que moi ça m'embête... » (Bachelard employa même un mot plus fort commençant par la même syllabe). Cette attitude de Bachelard est caractéristique de toute une tradition philosophique et scientifique, de toute l'orientation de l'épistémologie moderne : la considération de la morale et du normatif ne saurait être une occupation sérieuse, elle est dépourvue de tout intérêt, de toute valeur pour la connaissance et doit être rejetée hors du champ de la science.

Ainsi s'explique le long et tenace rejet du normatif par la science et l'épistémologie modernes. Ce rejet, Lalande fut l'un des premiers et des rares à le dénoncer, lorsque, dans *La raison et les normes* (Hachette, 2e éd., 1948, p. 229), il remarque que « la raison, dans sa source, n'est pas constative mais normative », ce qui veut bien dire que la raison est « pratique » avant d'être « théorique » - Lalande allant même jusqu'à parler de « la peur du normatif » (notre ouvrage *Droit et morale. Introduction à la science normative*, L'Hermès, 1990).

La dénonciation de cette « peur du normatif » justifie la pertinence de la « logique de la pratique » telle que la conçoit Michel Villey, et tout d'abord le rôle de « science modèle » reconnu à la science juridique pour les sciences humaines.

a- *La science juridique, « science modèle » pour les sciences humaines*

Dans le domaine juridique, Chaïm Perelman a parfaitement illustré l'idée selon laquelle, dans le raisonnement du juge, tout se joue au niveau du choix des prémisses, appelées à justifier, à légitimer une conclusion plausible, au bénéfice de ce que A. Bayart a appelé le « caractère régressif » du raisonnement juridique, de ce que le professeur Yves Gaudemet a encore nommé le « raisonnement finaliste du juge » (notre ouvrage, *Le modèle juridique. Droit et herméneutique*, L'Harmattan, 2001). N'a-t-on pas ici l'éclatante confirmation juridique de toute la théorie aristotélicienne du syllogisme dialectique et du syllogisme sophistique en même temps que celui du rôle de « science-modèle » ou de « science-pilote » reconnu aujourd'hui à la science juridique au sein des sciences sociales ? A cet égard on peut distinguer deux sortes de raisonnement finaliste le bon qui est justifié par une « science de la validation » et qui correspond au syllogisme dialectique, le mauvais qui rejoint la « logique du passionné » et le syllogisme sophistique. Il va sans dire que le « bon » raisonnement finaliste est celui qui dénonce le meurtre fondateur, tandis que le « mauvais » est celui qui le cache.

Ce schéma n'est donc pas seulement celui de l'art judiciaire mais également celui de toutes les sciences sociales : à ce titre, il est susceptible de donner une bonne illustration du principe de réfutabilité selon Popper. Car une doctrine « irréfutable » (celle qui peut toujours trouver de nouveaux arguments contre des faits qui tendraient à la réfuter, celle qui peut toujours se justifier) est précisément celle qui fait appel au « mauvais raisonnement finaliste » c'est-à-dire au syllogisme sophistique - la ligne de partage entre « dogmatisme » et « science » passant par le recours ou non à ce type de raisonnement. Ainsi les sciences sociales versent-elles dans le dogmatisme chaque fois qu'elles utilisent ce type de raisonnement. C'est tout d'abord le cas privilégié et fort révélateur de la science juridique qui mérite alors fort bien son appellation de « dogmatique juridique ». Mais n'est-ce pas également le cas de toutes les autres sciences sociales et peut-être même de certaines sciences dites exactes ? Par conséquent la recherche du « mauvais raisonnement finaliste » dans l'activité du savant devient un remarquable instrument de cette « psychanalyse de la connaissance scientifique » initiée par Bachelard - instrument permettant de détecter les conditions de scientificité d'une discipline et de tracer une ligne de partage entre science et dogmatisme, entre science et non-science. Or Girard éclaire singulièrement cette « psychanalyse de la connaissance scientifique » puisqu'il est clair que le « syllogisme rhétorique ou sophistique » vise à cacher le meurtre fondateur, là où le « syllogisme dialectique » vise à le révéler et à le dénoncer.

Sur ce point l'*Organon* d'Aristote permet de préciser et d'affiner le tracé de la ligne de partage qui, chez Popper, est trop rigide, pour ne pas dire trop « dogmatique ». En effet, si le « dogmatisme » relève, à n'en pas douter, du syllogisme sophistique, dans la « science » il faudrait distinguer les sciences exactes qui prétendent utiliser le seul « syllogisme analytique » et les sciences humaines qui devraient utiliser le « syllogisme dialectique », même si elles peuvent - tout comme les sciences exactes d'ailleurs mais à un plus haut degré - connaître une dérive vers le « syllogisme sophistique ». Notons ce paradoxe qui nous en dit long sur l'épistémologie des sciences humaines : si ces dernières sont constamment menacées de la dérive vers la sophistique, c'est que précisément, par une prétendue objectivité scientifique, elles ne veulent utiliser que l'analytique, la logique formelle qui ne leur est pas toujours ni même souvent appropriée, elles veulent envisager leur domaine de compétence du seul point de vue de la raison théorique. Si, au contraire, elles l'envisageaint du point de la raison pratique qui leur est beaucoup plus appropriée, elles éviteraient sans doute cette dérive sophistique. Dès lors ne peut-on penser que le traitement par la raison théorique des sciences humaines ne permet en rien de les distinguer des sciences de la nature et des sciences exactes, et que ce n'est que par le recours à la raison pratique, c'est-à-dire au normatif, aux normes et aux valeurs, qu'elles conquièrent leur véritable spécificité. Dès lors les sciences dites exactes, ayant toujours recours au langage naturel - en vertu du « discours mixte » de la science qui, selon Gille-Gaston Granger (*op. cit.*, p. 44) mêle toujours « langage formel » et « langage non-formel » - passent continuellement du syllogisme analytique au syllogisme dialectique dans le meilleur des cas, au syllogisme sophistique dans le pire et ainsi se rapprochent d'autant des sciences humaines, avec le même risque de dérive sophistique. Remarquons que si les sciences humaines d'abord, les sciences exactes ensuite se caractérisent par ce passage continuel de l'analytique à la dialectique, elles se rapprochent de la grande philosophie classique dénoncée par Thurot pour avoir effectué un tel passage. Notons que, paradoxalement, la « philosophie classique » apparaît à cet égard comme plus rigoureuse et plus scrupuleuse que la science puisqu'elle a la pudeur de signaler ce décalage (sans avoir d'ailleurs vraiment conscience qu'il s'agit d'un « passage ») par la distinction entre « l'exposé du système » et les « remarques » ; or, dans la science, ce passage n'est jamais signalé car il paraîtrait, bien à tort d'ailleurs aux spécialistes, comme contradictoire avec leur projet scientifique. Ajoutons que la « philosophie moderne » ne fonctionne pas autrement que la science puisqu'elle aussi se garde bien de signaler le passage de l'analytique à la dialectique, et encore moins le passage de la dialectique à la rhétorique. Là encore, que de thèses n'y aurait-il pas à écrire sur l'absence de ces « remarques » dans les ouvrages scientifiques eux-mêmes !

Précisément le paradoxe du droit, à l'instar de celui de nombre de sciences humaines, est de mettre beaucoup trop souvent l'instrument de l'universalité par excellence, le « syllogisme dialectique », au service de l'art du spécialiste c'est-à-dire au service de tel ou tel secteur scientifique, croyant l'ériger en « syllogisme analytique ou scientifique » alors qu'il ne fait que le dégrader en « syllogisme sophistique » (« *Qui veut faire l'ange, fait la bête* », avait déjà noté Pascal).

Il appartient donc à l'épistémologie de détecter et de révéler le passage de l'analytique à la dialectique, et, éventuellement, à la sophistique - passage qui n'épargne pas les sciences exactes elles-mêmes (c'est peut-être en ce sens que Marx disait qu'un jour viendrait où l'on comprendra que toutes les sciences sont des sciences humaines). En effet, si la vérité d'hier est reconnue erreur aujourd'hui, comme l'erreur d'hier est parfois reconnue vérité aujourd'hui, qu'en sera-t-il demain de la vérité et de l'erreur d'aujourd'hui ? Si la science d'hier apparaît comme la sophistique d'aujourd'hui, qu'en sera-t-il demain de la science d'aujourd'hui ?

Le rôle de « science modèle » reconnu à la science juridique pour les sciences humaines est confirmé par la place que devrait tenir, dans ces dernières, le « syllogisme dialectique ».

b- *Le « syllogisme dialectique », instrument spécifique aux sciences humaines*

Dans ses *Topiques*, Aristote ne donne pas une définition sémantique du « topique » ou « lieu commun » qui n'est qu'un truisme, une vérité toute faite, établie depuis longtemps, tel l'un très célèbre : « *Le tout est plus grand que la partie* ». Il a recours à ce que l'on pourrait appeler une « définition fonctionnelle », une définition qui ne prend en compte que la fonction du topique au sein du raisonnement. Cette fonction est la capacité du topique à fournir la majeure du syllogisme et ainsi à justifier le « raisonnement finaliste » du dialecticien ou du rhéteur. La même définition se retrouve d'ailleurs chez l'éminent traducteur et commentateur des *Topiques*, Jacques Brunschwig (Introduction aux *Topiques* d'Aristote, Les Belles Lettres, 1967)), lorsque, après avoir noté que « le dialecticien connaît la conclusion ; il cherche les prémisses », ajoute « Le lieu est une machine à faire des prémisses à partir d'une conclusion donnée » (p. LI) - ce que, dans le domaine juridique, Perelman a parfaitement illustré : « Ce qu'il y a de spécifiquement juridique dans le raisonnement du juge, écrit-il, ce n'est nullement la déduction formellement correcte d'une conclusion à partir des prémisses - en cela la déduction en droit n'a rien de particulier - mais ce sont les raisonnements qui conduisent à l'établissement de ces prémisses ». Pascal n'avait-il pas noté que « *la dernière chose qu'on trouve est celle qu'il faut mettre la première* » ? Il s'agit là du caractère peut-être essentiel du « syllogisme dialectique », celui que la mise en œuvre du droit chez Saint Thomas telle que l'a révélée Michel Villey, illustre presque constamment : dans le syllogisme dialectique, a-t-on dit, « on ne part pas des prémisses, on les cherche » - telle est la vertu euristique du syllogisme dialectique.

Ainsi la règle de droit doit être proposée - ou parfois imposée - comme majeure de ce véritable « syllogisme dialectique » qu'est le « syllogisme juridique ». Avant d'être un fait, elle devient une hypothèse, avant d'être une expérience, une exigence, un postulat, celui qui est posé comme majeure du syllogisme et qui ne s'imposera comme tel qu'au terme de cette « expérimentation juridique » que récapitule le syllogisme juridique. Et on pourrait tenir, pour la valeur, exactement le même raisonnement puisqu'elle aussi ne s'imposera vraiment comme telle qu'au terme de ce que Frédéric Rauh (1904) appelait « l'expérience morale ».

Notons que l'hypothèse scientifique fonctionne de la même façon, à cette grande différence qu'elle est vérifiée par le « syllogisme analytique » qui ne repose que sur la nécessité logique, au lieu de l'être par le « syllogisme dialectique » qui est toujours inséparable des fins et des valeurs spécifiquement humaines - ce qui confirme l'unité de la science dont les grandes divisions ne reposent pas sur une différence de méthode, de procédure logique, mais d'objet c'est-à-dire de but ou de domaine de compétence, celui du syllogisme analytique se confondant avec celui des sciences exactes, tandis que celui du syllogisme dialectique correspond au domaine des sciences humaines, d'abord à celui des « sciences morales et politiques », à celui des sciences de la raison pratique.

Serait ainsi confirmée la légitimité d'une épistémologie des sciences de la raison théorique en montrant qu'elle est inséparable d'une épistémologie des sciences de la raison pratique, qui d'ailleurs et paradoxalement la commande. Or n'est-ce pas ici la véritable justification de la convergence révélée par Aristote de l'épistémologie et de la métaphysique - convergence dont la doctrine de Saint Thomas apporte une éclatante confirmation ? - ce qui nous invite à examiner cette convergence dans la tradition d'Aristote.

B - LA CONVERGENCE DE L'EPISTEMOLOGIE ET DE LA METAPHYSIQUE

Chez Michel Villey, la convergence de l'épistémologie et de la métaphysique se dégage explicitement de sa lecture d'Aristote et de Saint Thomas (1-), tandis que chez René Girard elle découle implicitement de sa remise en cause de la séparation du *sujet* et de l'*objet* de la science (2-). Mais il faut d'abord rappeler le précieux avertissement que donnait naguère Eugène Thionville à la lecture des *Topiques* d'Aristote (Préliminaire).

Préliminaire : L'Avertissement de Thionville aux *Topiques* d'Aristote

Les « topiques » ou « lieux communs » étant des vérités toutes faites, leur étude fut souvent considérée comme triviale, objet d'un pur bavardage. Il n'est donc pas étonnant que, dès la première phrase de son ouvrage, Thionville souligne que les *Topiques* furent toujours la partie la plus délaissée de l'*Organon.* « La scolastique même les négligea » (p. 7), Port-Royal les méprisa comme inutiles et même nuisibles, par la suite on les assimila à « tout ce qui est banal et vulgaire », on ne leur épargna « ni l'épigramme, ni le ridicule », on les considéra comme « une vieillerie à peu près inutile » (p. 8). Il est vrai que, depuis Cicéron, la topique aristotélicienne a été dénaturée, et que c'est précisément cette topique déformée qui, en raison du prestige de Cicéron, s'est presque toujours imposée même à des esprits aussi distingués que Quintilien ou Boèce, et s'est perpétuée dans notre enseignement. C'est précisément parce que Thionville s'était vu attribuer un cours sur la « méthode des lieux », qu'il porta sa réflexion sur une matière à laquelle il ne trouvait lui-même, au départ, « aucun sens » - ce qui l'amena à l'interrogation suivante : comment « un des plus grands génies de l'antiquité » aurait-il pu donner « une théorie dépourvue de signification » ? et de répondre qu'on s'est simplement trompé de cible en attribuant à Aristote une théorie qui n'a rien à voir avec lui. D'où la tâche que se propose l'auteur : réhabiliter les *Topiques* en effectuant un retour au texte d'Aristote (p. 9). A cet égard notons la grande sagesse et même le courage de notre enseignement supérieur du XIXe siècle qui avait gardé la tradition de l'étude des topiques malgré toutes les critiques dont elle faisait l'objet, pressentant peut-être qu'il y avait quelque chose à conserver de cette discipline pluriséculaire inventée par Aristote, cela, à une époque où, depuis longtemps déjà, avec le refus proclamé de tous les « *Magister dixit* », le prestige d'Aristote était beaucoup plus une hypothèque qu'une caution - il y a là une leçon à méditer pour tous les réformateurs successifs de notre système d'enseignement, ainsi que pour ceux qui ont enterré un peu vite la métaphysique occultant sa corrélation avec l'épistémologie !

1- Villey : la corrélation de la dialectique et de l'ontologie

A partir de la lecture d'Aristote, la portée ontologique de la dialectique (a-) se trouve confirmée par la légitimité d'une « épistémologie négative » (b-).

a- *La portée ontologique de la dialectique*

Si l'étude du « syllogisme analytique » relève d'une « science de la théorie », l'étude du « syllogisme dialectique » relève d'une « science de la pratique » c'est-à-dire d'une exploration du domaine de la philosophie, de la politique, de la morale, du droit, de la vie pratique en général dont la dimension normative, face à la longue et tenace orientation positiviste des sciences humaines, ne peut alors plus être niée. Contrairement à l'interprétation donnée naguère par Georges Kalinowski, seul le « syllogisme dialectique » d'Aristote apparaît véritablement comme un « syllogisme pratique » (avec éventuellement le « syllogisme sophistique »). C'est pourquoi, lorsqu'à la fin de sa présentation des *Topiques*, Jacques Brunschwig qualifie ce traité de véritable « syllabaire de la raison » (*op. cit.*, p. CIV), cette très remarquable formule ne devrait-elle pas être complétée et précisée par « syllabaire de la raison *pratique* » dans la mesure où les quatre premiers traités de l'*Organon* (mis à part le premier ainsi que certains éléments des trois suivants qui revêtent une portée générale) portent principalement sur la raison théorique et que ce n'est qu'au cinquième traité, les *Topiques*, qu'Aristote entame l'étude de la raison pratique pour la poursuivre dans le sixième, les *Réfutations sophistiques*, ainsi que dans la *Rhétorique* dont maints commentateurs se sont demandé si elle ne constituait pas le septième traité de l'*Organon* ?

Les *Topiques* représentent ainsi la première tentative, peut-être même la seule, pour découvrir, à côté de la déduction qui est propre aux sciences exactes, la forme de raisonnement appropriée à la métaphysique et aux sciences de l'homme, la première relevant du syllogisme analytique, la seconde du syllogisme dialectique dont

Aristote n'a de cesse de montrer alors la spécificité ainsi que l'attestent les diverses expressions telles que *syllogisme hypothétique , impuissant, faible* qui traduisent bien sa volonté de trouver, à côté du raisonnement strictement déductif, un autre type de raisonnement moins contraignant, plus souple, mieux adapté aux exigences du discours et du langage usuel c'est-à-dire de la raison pratique dont il s'agit toujours d'énoncer les lois appropriées, d'établir la « première législation » qui est celle permettant de dénoncer le meurtre fondateur, là où la « seconde législation » plus savante et, en apparence, plus rigoureuse du « syllogisme déductif » n'est que la tentative de cacher le meurtre fondateur et le « mécanisme victimaire ».

Ainsi les topiques revêtent-ils un caractère éminemment normatif, ils régissent les règles de juste pensée, de juste discours en ce sens qu'ils ont pour rôle d'instaurer ou de restaurer la compréhension minimale mais commune entre ceux qui partagent une même langue, ils représentent donc incontestablement la législation de la connaissance empirique ou commune, parfois qualifiée de « vulgaire ». Ce caractère est d'autant plus important qu'il révèle la portée ontologique de la dialectique (« topiques et ontologie, remarquait Eric Weil, ne sont que les deux aspects d'une même réalité ») si bien mise en lumière par P. Aubenque : « tout langage, non en tant que tel, mais dans la mesure où il est compris par l'autre, est déjà une ontologie. Ainsi peut être fixée « la tâche plus modeste et réalisable » d' « une ontologie comme science » qui est alors d'« établir l'ensemble des conditions *a priori* qui permettent aux hommes de communiquer » pour ouvrir la voie à l'ontologie qui est « la seule axiomatique possible du discours humain » (p. 132). D'ailleurs, dans le Livre VIII des *Topiques*, Aristote écrivait qu' « *en ce qui concerne la recherche des lieux, l'étude est commune au philosophe et au dialecticien*». Ne peut être plus nettement attestée la corrélation, la parenté « profonde » entre dialectique et ontologie, « deux expressions finalement convergentes du même idéal d'universalité » (P. Aubenque, *op. cit.*, p. 295). Car, si la dialectique est dénonciation du meurtre fondateur, c'est-à-dire de la « divinité persécutrice », sa dimension ontologique est manifeste, et si le mécanisme victimaire est « la chose du monde la mieux partagée », sa dénonciation, commune à la dialectique et à l'ontologie, confirme qu'elles poursuivent bien le « même idéal d'universalité ».

On mesure ainsi les profonds errements de ces « thomistes » dénoncés par Michel Villey, ceux qui, voulant donner de la *Somme*, une lecture purement analytique, en ont exclu la dimension dialectique qui semble, au contraire, en être constitutive parce qu'en prise directe sur l'ontologie et la théologie. Saint Thomas rappelle que les questions sont plus importantes que les réponses. Ou du moins, est plus important que la réponse, le cheminement effectué pour y arriver. Or c'est précisément ce cheminement qu'au sujet de Saint Thomas, Villey refait et décrit de façon très détaillée (p. 58 et s.). Déjà, dans les traités d'art judiciaire de l'Antiquité, se rencontraient les arguments *pro scripta* ou *contra scriptum*. Or c'est ici la fonction même de la dialectique de poser des apories et, sur ce point, de rejoindre encore la métaphysique.

Cette corrélation confirme le rôle presque toujours récusé de la métaphysique au cœur de l'épistémologie et de la science. De façon paradoxale, cette exclusion de la métaphysique est devenue très vite l'impératif catégorique des sciences de l'homme, sans doute à cause de leur parti pris positiviste, et même celui des sciences de la « pratique », particulièrement celui de la science du droit où toute velléité de réhabilitation de la métaphysique a toujours été discréditée comme vaine tentative de réintroduction du droit naturel puisqu'ayant fait l'objet d'un véritable interdit émis par la « communauté des juristes » - interdit que, parmi les modernes, Michel Villey a été l'un des rares à oser braver.

De plus la portée ontologique de la dialectique est confirmée par la légitimité d'une « épistémologie négative ».

b- *Légitimité d'une « épistémologie négative »*

Si d'ordinaire, établir une corrélation entre épistémologie et ontologie semble relever d'une pure et complète aberration, les pages précédentes se sont efforcées de montrer que ce n'était nullement le cas, comme peut le confirmer un certain rapprochement entre « théologie négative » et « épistémologie négative ».

La confirmation de cette corrélation peut être trouvée dans les pages que Pierre Aubenque consacra naguère à la « théologie négative » d'Aristote. L'auteur rappelle en effet que l'impossibilité même de la théologie « se traduit ouvertement par des négations : Dieu ne vit pas en société, n'est pas tel qu'il ait besoin d'amis, n'est ni juste ni courageux… n'est pas vertueux… Finalement, en mettant bout à bout ces litanies négatives de la divinité…, en démontrant l'inadéquation du discours humain aux perfections de Dieu… on a rempli tout un chapitre du savoir qu'il faut bien appeler théologie » (P. Aubenque, *op. cit.*, p. 488). L'auteur ajoute : « pour la première fois… une théologie se réalise paradoxalement en démontrant sa propre impossibilité… : la négation de la théologie devient théologie négative ». La théologie « s'épuise, mais en même temps se réalise dans la démonstration même de sa propre impossibilité ». Elle permet « d'assumer la transmutation de l'échec en expression adéquate de la divinité » (*ibid.*).

De cette belle page, il suffit de remplacer « théologie » par « épistémologie », « divinité » par « scientificité » et « les perfections de Dieu » par les « perfections de la science », pour avoir la meilleure justification d'une « épistémologie négative ». Car la vraie connaissance est une connaissance absolue, générale, nécessaire, objective, quantifiable. Or l'épistémologie n'est pertinente, c'est-à-dire possible, que lorsqu'elle montre que la connaissance n'a jamais vraiment toutes ces qualités, qu'elle ne les a peut-être jamais. L'épistémologie ne peut se traduire elle aussi que par des négations : la négation de l'épistémologie se confond avec l'établissement d'une épistémologie négative. Elle aussi réalise une transmutation de l'échec en expression adéquate de la vérité. S'il n'y a d'épistémologie que de la connaissance vraisemblable ou inexacte, relative, contingente, subjective et non quantifiable, force serait de conclure à l'impossibilité de l'épistémologie, si la justification de cette impossibilité ne devenait paradoxalement le substitut de l'épistémologie elle-même.

Il en va en effet de l'épistémologie comme de la théologie : une « épistémologie du vrai » ne nous apprend rien de plus qu'une « théologie du bien », car seules sont instructives une « épistémologie du faux » et une « théologie du mal », c'est-à-dire, dans la perspective de Girard, une épistémologie et une théologie de la divinité persécutrice.

Est ainsi confirmé le bien-fondé de « l'épistémologie négative » de Michel Villey qui a montré l'impuissance de la raison théorique à régir le monde humain et à nous donner accès au divin, tout comme l'a fait celle de René

Girard en dénonçant plus particulièrement la séparation radicale du *sujet* et de l'*objet* de la science.

2- Girard : les conséquences de la remise en cause de la séparation du *sujet* et de l'*objet* de la science

La remise en cause de la séparation de l'*objet* et du *sujet* de la science entraîne deux conséquences qui sont intimement liées et permettent de préciser deux importantes distinctions : d'une part celle des « sciences de la raison théorique » et des « sciences de la « raison pratique » (a-), d'autre part celle de la « science » et de la « métaphysique » (b-).

a- *La distinction des « sciences de la raison théorique » et des « sciences de la raison pratique »*

Soulevant le problème du rapport de la science à son objet, cette remise en cause permet peut-être de mettre à jour le véritable fondement de la distinction entre les « sciences de la raison théorique » et les « sciences de la raison pratique ». En effet ce rapport n'est pas sans analogie avec celui du *signifiant* et du *signifié* dont traite la sémiologie : si ce rapport est externe, conventionnel et donc institué et arbitraire, on a certainement affaire à une « science de la théorie » si, au contraire, ce rapport est interne, naturel et donc non institué et non arbitraire, on a, à coup sûr, affaire à une « science de la pratique ».

On ne peut donc affirmer plus clairement que, dans le domaine des sciences de la pratique, il doit y avoir adéquation entre la science et son objet car l'objet même de la science rejaillit, rétroagit nécessairement sur ses méthodes et son développement même. Est ainsi disqualifié le rôle de la logique formelle pour la connaissance du droit, aussi bien avec la « théorie pure du droit » de Kelsen qu'avec la « logique des normes », celles-ci ne rendant compte que des aspects superficiels et périphériques du droit. Or cette analyse ne peut-elle être étendue à l'ensemble des sciences humaines dont on peut penser qu'elles ne relèvent des « sciences de la théorie » que pour les aspects les plus superficiels et périphériques, et que, pour l'essentiel, elles relèvent au contraire des « sciences de la pratique » ?

Pour la science morale, dans le prolongement de la « physique sociale » d'Auguste Comte et de Durkheim, si l'objet de la science ne rejaillit pas sur son développement, on a une « physique des mœurs » à la manière de Lévy-Bruhl ou, sous une forme plus moderne, de Jean Fourastié, et pour la science du droit, une « physique juridique » se divisant en une « statique du droit » et une « dynamique du droit » à la manière de Kelsen, c'est-à-dire, dans tous les cas, une simple anatomie de la vie pratique, l'autopsie d'un cadavre social, moral et juridique. Nulle avec les sciences exactes et celles de la nature, cette rétroaction entre *le sujet* et *l'objet* de la science devient essentielle avec les sciences humaines. Dès lors il n'est pas étonnant que si l'on définit la science par la négation de cette interaction, les « sciences humaines » ne méritent plus (ne déméritent plus diront certains) le nom de « sciences » : ne se situeraient-elles pas « au-delà de la science », dans la métaphysique ?

Ces remarques débouchent sur rien de moins que le véritable fondement de la distinction de la science et de la métaphysique.

b- *La distinction de la « science » et de la « métaphysique »*

Si, dans le domaine des sciences de l'homme, l'objet de la science et le développement de la science coïncident, il en résulte qu'il n'y a plus de distinction entre la science et son objet - ce que, dans le domaine du droit, nous avions énoncé comme étant un grand principe du « modèle normatif » : il n'y a pas de distinction entre le droit et la science du droit, ce qui veut dire que le droit est la manifestation d'une normativité spontanée donc incomplète et imparfaite, exprimée par le langage ordinaire, mais appelée à être resituée, complétée et perfectionnée par le langage du juriste. En effet, si la science du droit est une science qui naît du droit tout autant qu'une science qui a le droit pour objet, l'expression « science du droit » doit être prise au double sens du génitif objectif et du génitif subjectif, c'est-à-dire une science où le droit est à la fois l'objet et le sujet même de la science, ce qui est la définition même de la philosophie du droit (nos ouvrages *Droit et morale. Introduction à la science normative*, précité et *Pour une théorie générale du droit*, L'Hermès, 1998). Rappelons que cette définition est celle que donne Hegel de la « science de l'Etat » - définition rejoignant celle de la théologie, celle de la « doctrine sacrée » de Saint Thomas où Dieu est à la fois l'objet et le sujet de la science. La perspective de Girard rejoint ici Hegel, Aristote, et Saint Thomas (nos ouvrages, *De Hegel à Girard. Violence du droit, religion et science*, L'Harmattan, 2015, et *Thomas d'Aquin...*, précité).

Dès lors quel est le statut de cette « connaissance de l'humain » qui refuse la distinction du *sujet* et de l'*objet* de la science ? C'est encore « l'épistémologie négative » qui permet de répondre. Si, selon Pierre Aubenque,

« l'humain » est le domaine du contradictoire, du contingent et de l'inexact, cette « science » ne peut être elle-même que contradictoire, contingente et inexacte. Mais cette science contradictoire, contingente et inexacte du contradictoire, du contingent et de l'inexact, bien loin d'être une science dégradée et dévalorisée comme le pensent certains positivistes, ne peut être que la science sublimée, première et universelle : la métaphysique, la philosophie.

Ainsi, à la « physique des mœurs », il faut substituer, comme l'avait déjà fait Kant, une « métaphysique des mœurs » et, à la « physique juridique » de Kelsen et du positivisme juridique, une « métaphysique du droit ». De même, si la logique est « la physique de l'objet quelconque » selon la célèbre définition de Gonseth, et si la linguistique n'est que la « physique du langage », à ces deux « physiques du *logos* », à ces deux disciplines du langage qui sont les plus anti-métaphysiques qui soient, il faut substituer cette « métaphysique du langage » qui n'est autre que la dialectique. Liée à la « physique du langage » et même subordonnée à elle, la « physique de l'humain » en général, c'est-à-dire l'ensemble des sciences humaines, garde-t-elle un sens par rapport à cette « métaphysique » qu'il serait de trop de qualifier « de l'humain » s'il est vrai, selon Heidegger que « l'homme est le berger de l'Etre » comme le langage est « la maison de l'Etre » ?

Le risque de la science, en effet, est d'universaliser le discours scientifique pour particulariser le discours « sur l'homme », elle verse alors dans la technocratie. La dialectique, au contraire, particularise le discours scientifique pour universaliser le discours sur l'homme. Or, comme le souligne Pierre Aubenque, commentateur d'Aristote, dans une formule qui résume tout le projet d'une épistémologie négative, « on ne peut parler que dialectiquement, c'est-à-dire négativement, de la totalité »

(p. 288). Ainsi la dialectique, par sa faculté critique, par sa nature interrogative, remet véritablement en question le discours scientifique, le nie dans ce qu'il a de particulier pour affirmer pleinement l'universalité du discours sur l'homme : elle s'érige en juridiction suprême du discours et devient donc la science première, rectrice et architectonique - ce qui pourrait être la définition d'une véritable « science humaine », et peut-être même de l'humanisme. Il y aurait là, au cœur même de la science ou plutôt de la connaissance, une réhabilitation de la métaphysique susceptible d'entraîner une révolution épistémologique aussi nécessaire qu'inattendue dans une certaine approche de la science qui a fait du discrédit de la métaphysique son pain quotidien : la science ne serait plus seule à régir le monde de la connaissance, pour l'essentiel, c'est-à-dire pour l'humain, elle devrait reconnaître la place toujours première de la métaphysique !

CONCLUSION DU CHAPITRE III

La contribution que René Girard a apportée, à son corps défendant, à la philosophie morale, juridique et politique, le rapproche donc de Michel Villey qui a voué son œuvre à l'élucidation de ce domaine. Cette contribution, ils la doivent à leur critique, à leur « renversement » des sciences de l'homme, à leur élaboration respective d'une « épistémologie négative ». Chez Villey, disciple d'Aristote et de Saint Thomas, elle prend la forme d'un réquisitoire contre les prétentions de la « raison théorique », ou plus exactement, la forme d'un plaidoyer pour l'unité de la raison qui est à la fois « théorique » et « pratique ». Chez Girard, l'« épistémologie négative » est une exploration « tous azimuts » des méfaits et des ravages toujours persistants du « meurtre fondateur ». Par la dénonciation de la « divinité persécutrice » et de « l'inconscient persécuteur », René Girard a édifié la plus grande « théologie négative » du XXe siècle, laissant loin derrière elle toutes celles qui l'ont précédée (aussi bien athées que chrétiennes) : son investigation dans le domaine des sciences humaines, pouvait-elle le conduire à autre chose qu'à une « épistémologie négative » ?

A cet égard la rencontre de René Girard et de Michel Villey résulte du même mouvement, mais peut-être effectué en sens inverse. Le point de départ de Girard est une « théologie négative », cette « théologie du mal » qu'est pour lui la théologie de la divinité persécutrice que seul le christianisme a permis de révéler : celle-ci devait le conduire à l'« épistémologie négative », cette « épistémologie du faux » qu'est sa critique des sciences humaines. Inversement, le point de départ de Villey est une « épistémologie négative », celle qu'enseigne la dialectique d'Aristote et de Saint Thomas, dialectique qui ne pouvait que le conduire à la « théologie négative », toujours présente dans le véritable christianisme.

CONCLUSION

Le procès du droit, de la philosophie et des sciences humaines, chez Villey et chez Girard, est commandé par une idée directrice, par un seul but poursuivi sans relâche et qui est imputé à ces disciplines : pour Girard, cacher la violence fondatrice, pour Villey, rejeter la dialectique (qui est leur seul moyen approprié) au profit de la rhétorique et de la sophistique. Ces deux idées directrices bien sûr inavouées, ces deux buts cachés, décelés par deux analyses complètement différentes et même opposées, sembleraient, au départ, n'avoir rien de commun, être incommensurables. Les pages précédentes se sont efforcées de montrer que ce n'est pas le cas, que ces deux idées directrices se rejoignent : pour cacher la violence fondatrice, pour tromper (sans souvent s'en rendre compte), le meilleur moyen est de verser dans la rhétorique et la sophistique, et, inversement, pour dénoncer le meurtre fondateur, il n'est que de redécouvrir et de reconquérir la véritable dialectique par-delà ces dérives que sont la rhétorique et la sophistique.

Car le droit, comme la philosophie et les sciences humaines, mais aussi comme les sciences exactes, n'échappe pas au syllogisme. Le grand problème est toujours celui du point de rupture entre les trois syllogismes analytique, dialectique et sophistique, celui des passerelles plus ou moins légitimes jetées entre ces trois sortes de syllogisme. Au droit, à la philosophie et aux sciences humaines, le syllogisme dialectique ; aux sciences exactes le syllogisme analytique. Là où ce schéma n'est pas respecté, la dérive rhétorique et sophistique guette : dans la perspective de Girard, la vérité du persécuteur est mise sur le même plan que la vérité de la victime, et il n'y a plus de vérité pour personne, la rhétorique et la sophistique n'étant que les moyens de cacher le meurtre fondateur, et par conséquent, les armes du persécuteur - la dialectique étant au contraire révélatrice du meurtre fondateur et donc l'arme de la victime !

Or, précisément, Girard a montré que c'est le christianisme qui, le premier, a révélé et dénoncé le meurtre fondateur, a pris le parti des victimes contre les persécuteurs : n'est-ce pas reconnaître que le christianisme est toujours du côté de la dialectique, contre la rhétorique et la sophistique ? Aussi n'est-il pas étonnant que la dialectique d'Aristote - dont le rôle est si éminent - n'ait pu porter tous ses fruits, grâce à Saint Thomas d'Aquin, qu'au contact du christianisme - ce qui faisait dire à Pic de la Mirandole « *Sans Thomas, Aristote serait muet* ». C'est pourquoi, avant d'être une notion marxiste, la dialectique est une notion chrétienne - ce qui est encore le cas chez Hegel, « le philosophe du Christianisme », et ce qui explique que l'effigie d'Aristote, à l'égal de celle des Saints du christianisme, puisse orner le porche des cathédrales (Chartres). Ainsi la critique de Michel Villey dont Saint Thomas est le ressort, ne peut-elle être que d'origine chrétienne. Il en va exactement de même pour René Girard qui revendique très explicitement le christianisme comme le premier et seul vrai moyen de dénoncer la divinité persécutrice.

Finalement il résulte de l'enseignement de Girard, comme de celui de Villey, que le drame du droit, de la philosophie et des sciences humaines - tout comme celui de l'humanisme athée en général dont ils ne sont que les rejetons - est d'avoir expulsé, et même souvent pris pour cible le christianisme dont ils procèdent tous : depuis les Lumières, ils n'ont pu ainsi que se fourvoyer, ils n'ont cessé, selon la très juste expression de Joseph de Maistre, de « battre leur nourrice » (notre ouvrage *Le scandale Joseph de Maistre*, L'Harmattan, 2016). Pourtant « *la christianisation des sciences humaines chez René Girard* » dont François Lagarde avait, en 1994, montré la vraie signification, n'est pas quelque chose de « surajouté », de « superficiel », donc de « superstitieux », elle tient, au contraire, au fondement épistémologique même de ces sciences. Quant à la philosophie, née de la théologie, elle doit en rester la servante, ne pas en devenir la maîtresse et la juge, puis la persécutrice, comme elle a pris, depuis fort longtemps, l'habitude de le faire. Il en va de même pour le droit qui devrait redevenir la « science sœur » de la théologie. Mais encore faut-il préciser que la théologie à laquelle incombe ce rôle éminent est la vraie théologie, la grande théologie des Pères de l'Eglise et de Saint Thomas d'Aquin. A cet égard ce rôle revient non seulement à la théologie catholique, mais également à d'autres théologies chrétiennes dans la mesure où elles tiennent un « discours rationnel sur Dieu » (nos ouvrages *L'esprit du christianisme* et *L'esprit du catholicisme d'après René Girard*, L'Harmattan, 2016) - ce que seul rend possible l'Incarnation du Christ : c'est pourquoi il n'y a de théologie que chrétienne. Il va sans dire qu'il ne s'agit pas d'une certaine « théologie moderne », contaminée et même subvertie, depuis longtemps, par des sciences humaines et une philosophie profondément athées et anti-chrétiennes. Cela, tant René Girard que Michel Villey l'avaient parfaitement compris - ce qui scelle leur véritable rencontre comme celle de deux blocs erratiques dans un monde sans âme.

Table des matières

Philosophie

aux éditions L'Harmattan

Dernières parutions

L'ENFANCE TERRIBLE DES ÉTATS (Tome 1)
Conscience humaine et violence de l'État dans quelques mythes et œuvres majeures de la littérature occidentale
Lamblé Pierre
Dans ce premier volume consacré aux rapports entre la conscience humaine et la violence de l'État, Pierre Lamblé étudie particulièrement quelques mythes de fondation de cité ainsi que les plus grands textes de la littérature grecque, de Sophocle à Platon, pour décortiquer la complexité des rapports conflictuels entre les exigences de la conscience individuelle et la toute-puissance d'un pouvoir arbitraire qui refuse par principe toute contraction.
(Coll. Ouverture Philosophique, 25.50 euros, 246 p.)
ISBN : 978-2-343-09540-0, ISBN EBOOK : 978-2-14-001369-0

L'OMBRE DE CÉSAR (Tome 2)
Conscience humaine et violence de l'État dans quelques mythes et œuvres majeures de la littérature occidentale
Lamblé Pierre
Dans ce deuxième volume de *Conscience humaine et violence de l'État*, Pierre Lamblé s'attache tout particulièrement à l'étude de la pensée et de l'action politiques de Jules César, et de son influence sur l'Europe de la Renaissance au XVIIIe siècles, en montrant comment la pensée de Machiavel a nourri toute la réflexion politique des XVIIe et XVIIIe siècle, de Corneille à Voltaire et Leibnitz, en passant par Shakespeare.
(Coll. Ouverture Philosophique, 26.00 euros, 250 p.) ISBN : 978-2-336-30390-1, ISBN EBOOK : 978-2-14-001368-3

ESPRIT ET DÉRAISON (Tome 3)
Conscience humaine et violence de l'État dans quelques mythes et œuvres majeures de la littérature occidentale
Lamblé Pierre
Dans ce troisième volume de *Conscience humaine et violence de l'État*, Pierre Lamblé étudie le développement du conflit entre les exigences de la liberté individuelle et la structure de plus en plus oppressive de l'appareil d'État, de la fin du XVIIIe siècle à l'aube du XXe, à travers *Le Contrat social* de Rousseau, la

philosophie de l'histoire de Hegel, *Lorenzaccio* de Musset, *Résurrection* de Tolstoï et *Le Procès* de Kafka.
(Coll. Ouverture Philosophique, 29.00 euros, 278 p.)
ISBN : 978-2-336-30391-8, ISBN EBOOK : 978-2-14-001367-6

LE TEMPS DES MONSTRES (Tome 4)
Conscience humaine et violence de l'État dans quelques mythes et œuvres majeures de la littérature occidentale
Lamblé Pierre
Dans ce quatrième et dernier volume de *Conscience humaine et violence de l'État*, Pierre Lamblé s'intéresse tout particulièrement à trois œuvres fondamentales traitant de la naissance et du développement de l'idéologie nazie à l'intérieur de consciences occidentales : *Sa Majesté des mouches*, écrit par William Golding ; *Rhinocéros*, de Ionesco ; et *Si c'est un homme*, de Primo Levi.
(Coll. Ouverture Philosophique, 24.50 euros, 232 p.)
ISBN : 978-2-336-30392-5, ISBN EBOOK : 978-2-14-001366-9

L'EXPÉRIENCE SCIENTIFIQUE
Exposé philosophique de son développement
Hiahemzizou Rafik
Cet essai retrace l'évolution de l'expérimentation scientifique depuis la simple observation des phénomènes physiques à l'âge classique jusqu'à l'expérimentation-ingénierie qui met en jeu la manipulation et l'intervention sur les entités physiques. Cette enquête a amené l'auteur à réhabiliter une vision empiriste de la science occultée par la philosophie néo-théorique et inductive en révélant que l'expérimentation moderne est devenue un champ d'investigation scientifique pratiquement autonome de la théorie grâce aux progrès spectaculaires de la technologie.
(Coll. Ouverture Philosophique, 23.50 euros, 228 p.)
ISBN : 978-2-343-09285-0, ISBN EBOOK : 978-2-14-001363-8

L'HOSPITALITÉ COSMOPOLITIQUE À L'ÉPREUVE DU TERRORISME
Boundja Claver
Pour surmonter le terrorisme comme obstacle à l'hospitalité cosmopolitique, il convient de promouvoir une éthique de l'hospitalité, basée sur la compréhension de l'existence humaine individuelle comme «être-accueilli-et-accueillant». L'occupant autochtone ou national est le premier à bénéficier de l'hospitalité offerte par sa propre terre. Il ne peut lutter contre le terrorisme qu'en offrant à son tour cette même hospitalité, de sorte que la paix cosmopolitique est le partage de l'hospitalité reçue, celle qui vient de la terre-mère.
(Coll. Croire et savoir en Afrique, 16.50 euros, 158 p.)
ISBN : 978-2-343-09674-2, ISBN EBOOK : 978-2-14-001510-6

INTRODUCTION À LA MÉTHODE HERMÉNEUTIQUE DE HANS-GEORG GADAMER
Une lecture suivie de *Vérité et Méthode*
Mpassi Alphée Clay Sorel
Le présent ouvrage se propose d'aller à la rencontre de l'herméneutique de Gadamer telle qu'elle s'articule dans *Vérité et Méthode*. Il s'attache, comme le

déclare l'auteur lui-même, à montrer que « la sécurité assurée par le recours à la méthodologie scientifique ne suffit pas à garantir la vérité ». En d'autres termes, la question centrale de cette analyse est de montrer les limites du concept de vérité et d'une herméneutique soumises à une norme ou à une méthode.
(11.50 euros, 82 p.)
ISBN : 978-2-343-09311-6, ISBN EBOOK : 978-2-14-001377-5

KARL RAIMUND POPPER UNE ÉPISTÉMOLOGIE SANS VISAGE ET SANS RIVAGE (Volume 1)
Critique(s), Controverse(s) et Confrontation(s) – Cahiers épistémo-logiques 4, 2016
Sous la direction de Marcel Nguimbi
Les contributeurs de cet ouvrage revisitent l'épistémologie sans sujet connaissant de Karl Raimund Popper. De nos jours, l'épistémologie de Popper est de plus en plus mésinterprétée. On lui donne plusieurs sens, même les plus contradictoires. L'épistémologie de Popper est finalement «sans visage», puisqu'elle parcourt la plupart des champs de la connaissance humaine, puis «sans rivage», car elle serait sans borne. La question qui se pose est celle de savoir si l'on peut aujourd'hui faire de l'épistémologie sans Karl Popper après Karl Popper.
(31.00 euros, 300 p.)
ISBN : 978-2-343-09485-4, ISBN EBOOK : 978-2-14-001331-7

NATURE ET POÉTIQUE EN MOUVEMENT
Italo Calvino lecteur de Lucrèce, de l'Arioste et Giordano Bruno
Di Benedetto Maddalena
Cet ouvrage est consacré à un rapport entre Antiquité, Renaissance et modernité. Plus précisément, il analyse la corrélation intime de la poésie avec l'univers, tout en partant du point de vue d'Italo Calvino.
(Coll. La philosophie en commun, 31.00 euros, 302 p.)
ISBN : 978-2-343-09619-3, ISBN EBOOK : 978-2-14-001526-7

LE SALUT OU L'ÉVANGILE SELON SPINOZA
Cauchepin Philippe
La bonne nouvelle (l'évangile), c'est que tous les hommes, sans distinction de culture ou de religion, sont en tant qu'êtres de la Nature dotés de raison et d'intuition et sont, de ce fait, capables d'acquérir une connaissance vraie de cette Nature dont ils font partie et donc de leur propre nature. Ils sont déterminés par cette Nature à être heureux. Cet ouvrage démontre comment Spinoza a conçu et la métaphysique de la Substance et l'éthique, en vue de nous introduire à cette connaissance du bonheur qui en découle.
(Coll. La philosophie en commun, 20.50 euros, 204 p.)
ISBN : 978-2-343-09427-4, ISBN EBOOK : 978-2-14-001341-6

PENSER L'ÉPISTÉMOLOGIE DE KARL RAIMUND POPPER
Deuxième édition revue, corrigée et augmentée de la *belief revision* et de la rhétorique de l'onto-logique
Nguimbi Marcel
Cette nouvelle version, augmentée d'une référence à la *belief revision* et de la rhétorique de l'onto-logique, respectivement prétexte pour dire «

poppériennement » la non-monotonicité de nos raisonnements argumentatifs et prétexte pour analyser les rapports d'interaction entre Aristote, Tarski et Popper, sur la question de la « vérité-correspondance », rappelle le questionnement déjà porté sur l'épistémologie poppérienne. Tout comme la version initiale, la présente version demeure une exigence d'élargissement du schéma poppérien de la croissance du savoir scientifique.
(23.50 euros, 232 p.)
ISBN : 978-2-343-09083-2, ISBN EBOOK : 978-2-14-001601-1

LES PROCESSUS DE RÉCEPTION ET DE CRÉATION DES ŒUVRES D'ART
Approches à la première et à la troisième personnes
Lambert Xavier, Couchot Edmond
Cet ouvrage est écrit à quatre mains et porte sur la relation entre création artistique et sciences de la cognition. L'ouvrage propose deux approches de l'expérience esthétique. Une approche en troisième personne mobilisant des modèles propres aux systèmes dits auto-organisateurs issus de la biologie dédiée à la réception des œuvres d'art et une approche en première personne rendant compte par auto-analyse d'une pratique artistique vécue qui s'appuie également sur de tels systèmes, systèmes eux-mêmes liés aux concepts d'émergence et de complexité.
(Coll. Ouverture Philosophique, série Esthétique, 20.00 euros, 192 p., Illustré en N&B)
ISBN : 978-2-343-08893-8, ISBN EBOOK : 978-2-14-001451-2

LA RÉVOLTE DE L'UNIVERSEL
Pour une autre vision de la mondialisation
Rabby Sy Hamdou
La Révolte de l'universel se propose d'explorer d'autres axes pour une mondialisation débarrassée de la toute-puissance de ceux qui prétendent détenir le pouvoir au grand mépris de l'intérêt des peuples. Il y est question de l'expérience de la pensée comme le signifiant primordial et prioritaire de l'agir responsable. *La Révolte de l'universel* signifie se redonner le temps et la disponibilité pour le loisir de la pensée, de la création. Elle entend se concevoir comme une éthique de la vérité, de la liberté et de la responsabilité. À travers elle, l'ouvrage explore et expose un autre visage de la mondialisation.
(Coll. Questions contemporaines, 27.00 euros, 270 p.)
ISBN : 978-2-343-09558-5, ISBN EBOOK : 978-2-14-001504-5

L'HARMATTAN ITALIA
Via Degli Artisti 15; 10124 Torino
harmattan.italia@gmail.com

L'HARMATTAN HONGRIE
Könyvesbolt ; Kossuth L. u. 14-16
1053 Budapest

L'HARMATTAN KINSHASA
185, avenue Nyangwe
Commune de Lingwala
Kinshasa, R.D. Congo
(00243) 998697603 ou (00243) 999229662

L'HARMATTAN CONGO
67, av. E. P. Lumumba
Bât. – Congo Pharmacie (Bib. Nat.)
BP2874 Brazzaville
harmattan.congo@yahoo.fr

L'HARMATTAN GUINÉE
Almamya Rue KA 028, en face
du restaurant Le Cèdre
OKB agency BP 3470 Conakry
(00224) 657 20 85 08 / 664 28 91 96
harmattanguinee@yahoo.fr

L'HARMATTAN MALI
Rue 73, Porte 536, Niamakoro,
Cité Unicef, Bamako
Tél. 00 (223) 20205724 / +(223) 76378082
poudiougopaul@yahoo.fr
pp.harmattan@gmail.com

L'HARMATTAN CAMEROUN
BP 11486
Face à la SNI, immeuble Don Bosco
Yaoundé
(00237) 99 76 61 66
harmattancam@yahoo.fr

L'HARMATTAN CÔTE D'IVOIRE
Résidence Karl / cité des arts
Abidjan-Cocody 03 BP 1588 Abidjan 03
(00225) 05 77 87 31
etien_nda@yahoo.fr

L'HARMATTAN BURKINA
Penou Achille Some
Ouagadougou
(+226) 70 26 88 27

L'HARMATTAN SÉNÉGAL
10 VDN en face Mermoz, après le pont de Fann
BP 45034 Dakar Fann
33 825 98 58 / 33 860 9858
senharmattan@gmail.com / senlibraire@gmail.com
www.harmattansenegal.com

L'HARMATTAN BÉNIN
ISOR-BENIN
01 BP 359 COTONOU-RP
Quartier Gbèdjromèdé,
Rue Agbélenco, Lot 1247 I
Tél : 00 229 21 32 53 79
christian_dablaka123@yahoo.fr

Achevé d'imprimer par Corlet Numérique - 14110 Condé-sur-Noireau
N° d'Imprimeur : 134210 - Dépôt légal : décembre 2016 - *Imprimé en France*

www.ingramcontent.com/pod-product-compliance
Lightning Source LLC
LaVergne TN
LVHW010946061026
849535LV00007B/2597